［改訂版］

部屋は自分の心を映す鏡でした。

空間心理カウンセラー
伊藤勇司

日本文芸社

はぁ〜
みんなキラキラ してるなぁ…
Nail salonA
新作ネイルです♪ デートネイルにどうですか？
いいよ！50人
親子でハワイ漫喫中♪ サイコーです！
いいよ！20人 コメント5件
わー！めっちゃ楽しそう！！
ネイルサロンを 開店させたり…
うらやましい…
子連れで 海外行ったり…
私なんて…
おーい 資料まだ？
今やってます
カタカタカタカタ
つまらない毎日
うーっ
カタカタカタ
サンキュー！おつかれ！
でもって、3年前 ダメ男と別れてから
ケイコといると俺ダメになるわ…
じゃっ
えっ?!
恋愛はすっかりご無沙汰だし…
はい では失礼しまーす
つかれた…
とりたてて、やりたいこともなく 彼氏もいない 結婚なんて夢のまた夢
ガタン ゴトン
ムギュ〜
ただいま〜
ガチャ
ケイコ・33歳 営業事務 悩み多き女子（厄年）なのです

ゴソゴソ
ごはんにしよーっと
ピリリリ
もしもし？
あーお母さん？
んー
はす向かいの愛ちゃんがねっ
カフェ開いたのよイケメンの旦那さんと！
お母さん行ってきちゃった♡
んんっ?!
私ツヨシと結婚する！
えー負けないよ
LOVE
愛ちゃん（ニックネーム：プー子）
ケイコ
一緒にアイドル追っかけてたプー子が…？
ガターン
え〜負けてるじゃん私も頑張らなきゃ！
もしもーし？
よーし！何か見つけるんだからっ
私だって…素敵ライフをつかむ！
ぐっ…
こうして私ケイコのやりたいこと探しが始まったのです
とりあえずの英会話に
HI! keiko!
HA HA HA…
いい香りですね〜
このオイルにはリラックス効果があって…
アロマセラピスト講座…

簿記とか司法書士とか取って華々しく転職？
む、むずかしそう…
やさしい簿記
司法入門
ム〜〜…
ムリだ…どれもピンとこない！
増えていくばかりの教材の数々
ごちゃ〜〜
ぐったり…
そして—
マルブシ商事
結局、何ひとつ変化なし…
カタカタカタカタ…
先輩元気ない？コンパがあって…
ヒソヒソ
どーです？
えっ絶対行くよ！
行くにきまってんじゃん！
セ…センパイ苦しい…
山下ーっコピーまだ？
…
はっはい！
カラーン
コローン
やっぱり結婚で人生一発逆転だっ！
※ランチタイム
ケイコのアパート
あ〜なんかこれもちがう
ど〜しよ〜っつ
着ていく服ないよ〜
バタ
mamazon
バタ

いい服ないから通販で買っちゃお！
まぁ サイズ大丈夫っしょ
ポチ
ポチ
サイズ大きかったな…
ものすごくブカブカ…
ビローーン
ま…いっか…
ケイコちゃんのタイプは？
知りたいな〜
ん〜どんな人かなぁ
あなたではないかも…！
今日もだめかぁ…
ボクのオススメアニメはー
えーここで言っちゃう〜
きゃはは
わい
わい
ポツン…
何だか虚しい…
じゃあ女子４千円ね
はーい
コンビニ 24
アイスでも食べなきゃやってられん
キー
コンビニ24
やりたいこともないし！彼氏もいないし！お金もないし！
はぁあああぁ…
ドス
ドス
カンペキにカラまわってる…
私に残された道はないの〜？
ん？
折込チラシ…
ボスッ
神頼《コレ》みだ！
幸せ祈願
パワースポットツアー

幸せ祈願のパワースポットツアーへGO！
わぉ
こんなにたくさん幸せになりたい人がいるのね…
山頂までがんばりましょー
ツアー
こりゃすごい…
ゾラゾラ
お昼ターイム！
カンパーイ
何かに悩んでてこのツアーに？
えへへ
いや！
そうねぇ
ユウカ・29歳 派遣社員(事務)
やせたいのにやせられなくて…婚活したいけど無理かな
はぁ…
マユミ・40歳 専業主婦・息子3歳
主人にもママ友にも本音をいつも言えなくて…
ふぅ
カオリ・36歳 メーカー・企画職
同期は先に出世！仕事デキないのかなぁ？
はーもー
うーーん…
まっまぁ…頑張るしかないよね！
よねっ
そうだよ！
うん

帰り道
インドカレー
ナマステン
カレー専門
はっ
でも一体何を
ガンバレば…
トボトボ…
そうだっ自分探しに
インドに行こう！
バシャーーン
ガンジス川で
何か変わるかも！
有休とっちゃお
善は急げだ！
はい、パジャマに
洗面用具に
準備万端!!
モリモリ〜
ガチャ
よし、行くぞー♪
ちょっと待った〜！
へっ!?
誰？ ちょっと
イケメン！
ビシッ
僕は空間心理カウンセラーの
伊藤勇司です！
部屋と心を読み解く専門家です
インドまで自分探しに
行かなくても大丈夫です
キラーン
部屋にこそ
あなた自身を知る
手がかりがあります！
夢も理想も叶えられる
ヒントがあるんです！
ま…
まぶしいっ
へ、部屋ですか？
でもこれ以上は
入らない方が…
ガラクタだらけなんで…
てへ

あなたの〝散らかり度〟をチェックしましょう

- □ 衝動買いが多く、毎日のように通販の宅配便が届く
- □ 賞味期限切れのお菓子や調味料がゴロゴロ出てきて捨てることが多い
- □ ソファーの上にはいつも取り込んだままの洗濯ものが山積み
- □ 買ったのに着ていない洋服や読んでいない本がたくさんある
- □ ステキな部屋に憧れる反面、妬んでしまったり、諦めてしまったりする
- □ 100均に行くと余計なモノまで買い込んでしまう
- □ 新しいものがすぐに欲しくなる、SNSで話題のものにすぐ飛びつく
- □ 捨てるのが苦手で、ものが増えても「後で整理しよう」と考えがち

あはは…
15個もチェック
入っちゃった
私は17個…

□押し入れやクローゼットで空かずのトビラがある…

□鍵や手帳など、モノがすぐに行方不明になる…

□久々に着た洋服のポケットから古いレシートやハンカチが出てきがち…

□夜更かしをしてネットサーフィンをすることが多い

□人付き合いが苦手でストレスが溜まりやすい

□他人の意見にすぐ左右されてしまう

□仕事に忙殺されて趣味や楽しみについて考える時間と余裕がない

□この先の未来のことを考えると不安になる

□すぐに使うものは収納せずに置きっぱなし

□「できない、無理、自信がない」という言葉をよく使っている

□玄関の靴は不揃いで脱ぎっぱなし

チェックが5個以上あった人は本書で自分と向き合ってみて

部屋と心の悩みは密接につながっています

もし、「いつもゴチャゴチャしていて居心地が悪い」「片づけや掃除ができなくて、なんだか汚い……」と感じているなら、ぜひ自分の心の内側をのぞいてみましょう。

最近、何か悩みや不安、焦りを抱えていることはないでしょうか？

部屋と心の悩みは、密接につながっています。

私は今、空間心理カウンセラーとして、多くの「部屋が片づかない！」という悩みを持った方のサポートをしていますが、その方たちの片づけの相談に乗っていると、必ずといっていいほど、心の奥底にある悩みや課題やクセが同時に見えてきます。つまり、今の部屋の状態は、自分の心の内側を見事に映し出しているのです。

2020年からは、世界中が新型コロナウイルスの影響を受け、生活様式は大きく変わりました。片づけ業界においては普遍的なエッセンスはあれど、生活スタイルの変化の中で、これまでにはなかった事例が増えたことも事実。そこを踏まえて、改めてお届けするのが本書です。

私が活動を開始した14年前は、まだ部屋と心のつながりはさほど注目されていない時代でした。片づけのやり方、スキルが主流で伝えられるものが多く、そこにメンタリティーが関わっていることはあまり言及されていませんでした。しかし、近年では心理的な側面から語られる片づけ・掃除本も増えています。

部屋の片づけは、物を減らしたり、空間を整理整頓する物理的な効果だけではありません。目に見えない心の整理や頭の整理にもつながる、心理的な効果も働きます。物理的な効果と、心理的な効果の両面を同時に体感できる。それが、片づけの唯一無二のメリット。そのことを意識しつつ、本書を両面で味わっていただけたらと思っております。

あなたを理解するきっかけが、あなたの部屋の中に存在して、あなたを活かすヒントも、あなたの部屋から導き出せる。そういった意味で私はみなさんに、「部屋を片づけるための片づけではなく、自分の魅力を活かすための片づけを意識しましょう」と、いつもお伝えしています。片づけはゴールではなく、プロセス。あなたが、あなたらしく輝くためのプロセスの中で、片づけを効果的に活かすという発想が大切だから。

片づけのご相談を受けていると、「部屋がすごく汚くて、とてもお見せできる状態じゃないんです」「いわゆる汚《お》部屋なんですけど、私ってダメですよね……」などと申し訳なさそうにお話される方が多いのですが、そこでいつも言っているのは、「部屋の状態にいい・悪いはないですよ！」ということです。

「部屋がキレイだからいい」「汚いから悪い」と決めつけるのではなく、「なぜそのような状態になるのか？」、その心の奥にある根本的な部分を見ることが何よりも大切です。心の奥にある悩みや課題、心のクセに目を向けていきながら、部屋の片づけをしていくと、みなさん見違えるように変化され、それまで低迷していた仕事や恋愛が一転、理想とする仕事やパートナーが見つかる！　なんていうケースも珍しくありません。不思議とどんどんキレイになったり、人間関係の悩みが解決されたり、仕事がうまく回って活躍の場を広げる方もたくさんいらっしゃいます。

この本では、自分自身の心の根本にある課題やクセを見つめ直しながら、部屋も心の悩みもスッキリ片づけ、毎日を好転させていく部屋の活かし方をお伝えしていきます。

第1章では、「部屋から自分のどんな内面を知ることができるのか？」ということから「実際に片づけを始めるときのキホンや一歩の踏み出し方」までを詳しく紹介。

第2章からは、部屋が片づかない人の原因としてよくありがちな、仕事、恋愛、人間関係などの悩み別に、片づけ方のヒントをたっぷりお届けします。

さあ、これから悩み多きメンバーと一緒に、お部屋と心を見つめ直し、仕事も恋愛も人間関係もうまくいく、幸せな未来を手に入れましょう！

伊藤勇司

CONTENTS

PART 2

やりたいこと探しに夢中な人の部屋は片づかない

PART 3

やせたいのにやせられない人の部屋は片づかない

PART 4 理想の相手と出会えないと嘆く人の部屋は片づかない

PART 5 言いたいことが言えない人の部屋は片づかない

The Characters

この本の登場人物

伊藤勇司先生

部屋と心の関係を読み解く、空間心理カウンセラー。大阪在住だが、片づけられないというSOSが来たら、全国どこへでも駆けつけてくれる。部屋の片づけをするうちに心の悩みが解決したり、仕事や恋愛もうまくいくと評判。

中村ケイコ(33)

小さな商社で営業事務として働く。恋愛も仕事もパッとせず、周りのキラキラしている女友達のようになりたいと、必死になって自分探しを始める。出かけるたびに新しいモノが増えていくので、部屋は常にゴチャゴチャ。

丸山ユウカ(29)

派遣社員の事務職として働く。ダイエットしたいのに、ついつい食べてしまってやせられない。彼氏もいないし、婚活したいけど、この見た目じゃ自信が持てないと嘆く日々。部屋になかなか目がいかず、荒れ気味。

小池マユミ(40)

3歳の息子を持つ専業主婦。ママ友や姑にNOと言えず、いい顔してばかり。家で何もしない夫に不満があるが、ケンカになるのが嫌で我慢。言いたいことを言えないストレスから疲労が溜まり、片づける気力もない。

清水カオリ(36)

メーカーで企画職として働く。毎日たくさんの仕事に追われて、てんてこ舞い。サクサクと要領よく仕事ができないことに自信を失い、そんな自分を変えたいと能力開発に奔走。部屋も本や勉強グッズでいっぱいに。

Part 1

自分の部屋と出会い直そう

部屋を片づけて心の悩みも片づける!
3ステップ

これから始まる第1章では、
部屋と心の関係性をひも解きながら、
片づけするうえでの大切な極意を3ステップで紹介!

スタートする前にチェックしよう!
片づけの3ステップ

STEP 1
自分の部屋と出会い直そう
>>> P.21

STEP 2
片づけの基本を覚えよう
>>> P.34

STEP 3
片づけ前の心がまえ
>>> P.40

STEP 1

自分の部屋と出会い直そう

毎日住んでいるところなのに、ちゃんと見ていないのが自分の部屋というもの。

でも、「汚い！　片づかない！」と、マイナスのイメージばかりを抱いていた部屋も、よく見てみると、今まで気づかなかった自分の内面を知るヒントがいっぱいあります。

部屋を通して自分の内面を知ることができれば、心の悩みも部屋も片づきやすくなるのです。

22ページからは、そんな部屋に対する新しい見方や自分を知るためのヒントをご紹介していきましょう。

あなたの部屋を感じてみよう！

- □ 引っ越してきたときのまっさらな部屋を思い出してみよう
- □ どんなに散らかしても変わらずに待っていてくれる部屋に感謝しよう
- □ 帰ったときに部屋に「ただいま」と呼びかけてみよう

あなたの部屋は本来美しい

部屋がゴチャゴチャして片づいていないと、思わず「部屋が汚い！」と口走ってしまいますよね。

でも、部屋はもとから汚いわけではありません、「そこに住む人の生活の仕方によって、少しずつ散らかってしまった」だけなのです。部屋を内見したときのこと、引っ越してきたばかりのころを思い出してみてください。もともと部屋はスッキリとしてキレイな状態だったはずです。

そこで、これから片づけを始める前に、みなさんに最初に行っていただきたいことがあります。それは**「自分の部屋ともう一度出会い直す」**ということ。

部屋は毎日の生活で散らかったり、汚れが溜まったりしただけで、部屋そのものは何も悪くありません。むしろ、散らかっても、汚れても、何も言わずにあなたの帰りを待ち、優しく見守ってくれている存在です。

あなたの部屋は、本来は美しい！　その愛のかたまりのような存在を、「汚い」と

扱うのではなく、「かけがえのない存在」として見つめ直してみませんか？

今、もし部屋でこの本を読んでいるなら、一度読むのを止めてあなたの部屋を大切に感じてあげてみてください。外で読んでいるなら、家に帰ったときに「ただいま！」と声をかけてあげてみてください。

なんだか気持ちに変化が生まれてきませんか？　ポジティブな気持ちを持つことで、部屋への接し方が丁寧になり、部屋は喜びのエネルギーに満ちあふれ、あなたに幸せをもたらしてくれるでしょう！

部屋の場所から「本当のあなた」が見える！

他人のことはよくわかるけど、自分のことって、実は一番わかりにくいですよね。それだけに、「私って、どんな人なんだろう？」「何をしたら幸せになれるんだろう？」と自分探しの旅に出かけたくなってしまいますが、どんなに素敵な場所に行っても、永遠に自分が見えてくることはありません。

鏡を通してしか自分の素顔が見えないように、自分の心も何らかの鏡を通して見ようとしないと、まったく見えないものです。でも、一つだけ自分の心が見える方法があるとしたら……？

それは**あなたが今、住んでいる部屋を見ること！　あなたの部屋が唯一、自分の心を映し出してくれる「鏡」となってくれるのです。**部屋を注意深く見つめることによって、あなたがどんな心の傾向やパターンを持っているのかを知ることができます。

そんなあなたの内面を深く知ることのできる三つの場所をご紹介！　その場所とは、「冷蔵庫」と「クローゼット」と「本棚」です。

冷蔵庫からは、**「あなたが普段、どんな考え方をしているのか？」**、という考え方のパターンがわかります。そしてクローゼットからは、**「あなたが自分を人にどう見せたいのか（見られたいのか）？」**という見せ方のパターンが、そして本棚からは、「あなたが自分をどう評価しているか？」という自己評価のパターンがわかります。

この三つの場所から自分の内面を知ることで、部屋と心の片づけが進みやすくなりますよ！

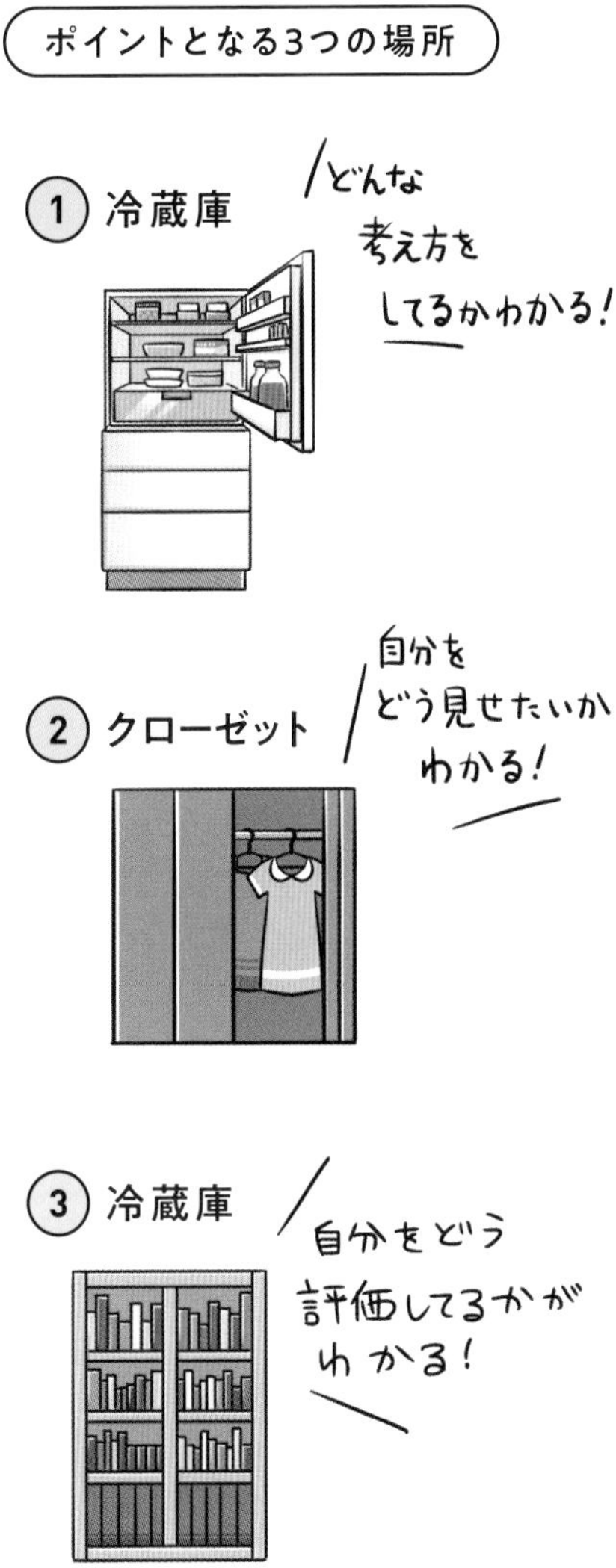

ポイントとなる3つの場所
1 冷蔵庫
どんな考え方をしてるかわかる！
2 クローゼット
自分をどう見せたいかわかる！
3 冷蔵庫
自分をどう評価してるかがわかる！

① 冷蔵庫 ≫ 自分の考え方が一目瞭然

野菜や生ものを使い切れずに腐らせてしまったり、賞味期限が過ぎた調味料や食材がいつまでも残っていたり……。

冷蔵庫は、食品という期限があるものを保存する場所なので、食材を買うときや使うときに、「どのぐらい必要なのか？」「いつまでに使えばいいのか？」を考えて消費しないと、無駄にしてしまうことも。

冷蔵庫の中身や使い方を見ていくと、普段、あなたがどんな判断や考え方をしているのか、そのパターンが一目瞭然です！ あなたの家の冷蔵庫の中をぜひチェックしてみてください。どうなっているでしょうか？ チェックポイントは次の2つです！

＼ ここがチェックポイント！ ／

CHECK 1 ▶ 賞味期限切れのものはどのぐらいある？

多い人は目先の判断に左右されている！

冷蔵庫に賞味期限切れの食材はどのぐらいありますか？ 「きっとこの量でも食べられるはず」「安売りでおトク！」などの理由で食材を買い込むと、余らせてしまうことに。そんなタイプの人は、「安易な目先の判断」を行いやすい傾向があります。冷蔵庫の中身を注意深く見ていくと、自分が普段、どういう判断でモノを取り入れているのかがわかります。ぜひチェックを！

CHECK 2 ▶ 食材は使いやすい場所に置いてある？

置き場のルールがない人は無駄が多いかも

冷蔵庫の中の食材は、どのように保存されていますか？ 賞味期限が早い生ものや食材がわかるよう順番に置かれていたり、よく使う調味料を手前に並べているなど、食材が使いやすいように置いてありますか？ 何も考えず、空いているスペースに食材を置く人は、無駄な考えや行動が多いかも。冷蔵庫の中身をよく見て整理していくと、余計な思考も整理できるようになりますよ！

② クローゼット ≫ 自分の見せ方がわかる

あなたのクローゼットはどんな洋服でいっぱいになっている？　「服のレパートリーがない」と思われるのがイヤで、安い洋服をたくさん買い込んでいたり、「とりあえず流行を押さえなくちゃ！」とファッション誌を見て買ったアイテムが並んでいたり。はたまた、「着やせして見られたい」と、ダーク系の色や大きめの洋服ばかり選んでいたり。**クローゼットの中身を見ると、あなたが「人に自分をどう見せたい（見られたい）と思っているのか」、自分の見せ方のパターンを知ることができます。**

さあ、クローゼットを開けて、あなたの心の中ものぞいてみましょう！

＼ ここがチェックポイント！ ／

CHECK 1

よく着る服とほとんど着ない服を分けてみると？

着ない理由が明確になり、不要な服を手放せる！

よく着る服とほとんど着ない服を分けてみると、どんな思いがあるのかが見えてきます。たとえば、よく着る服には「気に入っているから」「やせて見えるから」という思いがあったり、ほとんど着ない服には「流行が過ぎたから」「野暮ったく見えるから」などの理由があるかも。服に対する思いを確認することで、自分の価値観を知り、不要な服を手放しやすくなります。

CHECK 2

よく着る服は「理想の自分が着ている」服？

着ない理由が明確になり、不要な服を手放せる！

よく着る服は「理想の自分が着ている」服ですか？　「今の体型に合うから」「着ていて楽だから」などの理由で選んだものではありませんか？　理想の自分が着ている服より人の目や流行、体型などを基準にすると、洋服選びがブレて、クローゼットはゴチャゴチャに。「理想の自分が着ている服か？」を問いかけると、洋服選びに一貫性が生まれ、無駄に買うことも減っていきます。

③ 本棚 ≫ 自己評価のパターンが見える

あなたの部屋の本棚には、どんな本がたくさん並んでいますか？　たとえば、「人生を変えたい！」「私もキラキラ輝きたい！」と思って、成功者の本や自己啓発本がたくさん並んでいたり、「私も○○ができるようになりたい！」と能力開発系の本があふれていたり……。そうした自分の願望や足りないものを埋めようとする本であふれている人は、**今の自分を過小評価して、まだ見ぬ未来の自分に過大な期待をしているケースが多いです。**「今の自分はダメだけど、これがあったら私の未来は変わるのに！」と期待が大きいんですね。あなたの本棚はいかがですか？　本の種類や量をチェックしてみて！

ここがチェックポイント！

CHECK 1

自分に足りないものを埋めるための本はある？

足りないもの探しが多いと、そこから抜け出せない

恋愛関係に悩んでいると「恋愛関係が上手くいく本」、お金のことで悩んでいると「お金持ちになれる本」というように、人は自分に足りないものを埋めるための本を選びがちです。つまり、持っている本の種類から、自分に何が足りないと思っているのかが一目瞭然。でも、足りない部分を埋めようとする行動は、かえってそこから抜け出せないという状況を招いてしまいます。

CHECK 2

身近な人に伝えたいと思う本はどれ？

それこそが、残しておきたい大切な本

本棚の中で、家族や友達など「身近な人に伝えたい」と思う本はありますか？　あなたが伝えたいということは、その本はあなたの心をとらえたものであり、内容の理解度も高いはず。そうした本こそ、本当にあなたの身になり、足りないものを埋めようとする行動をなくしてくれる本でしょう。そういう視点で本棚を見ると、大切な本だけが自然と残り、整理もしやすくなります。

部屋と出会い直すかぁ…
考えたこともなかったな
確かに住み始めたころは
この部屋キレイだったなぁ
おっと
そうなんです
散らかっても部屋は
文句も言いませんしね
片づかないことも
見て見ぬふりしてたな…
ズドーン
はーつかれたー
ポイ
ポイ
ゴチャゴチャで
片方みつからない…
部屋を見つめて片づける
ことで本来のケイコさんを
見つけられます!
ニコ
ニコ
ガバッ
わっ!!
先生
大丈夫ですかっ
インドに行くのやめます!
片づけ頑張ります!
ポイ
ポイ
ポイ
あわわわ

よーし！まずは冷蔵庫チェーック！
ガバッ
食べかけのおつまみ
魚肉ソーセージ
賞味期限の切れた調味料
ドレッシング
マヨ
コチュジャン
しなびた野菜
ぐえ～
我ながらヒドイ…
つ、次はクローゼット！
グイ
グイ
ぐっ…開かない～～っ
ああっ…ムリしないで
クローゼット開かないからいざ本棚！
あっ
ドサ
ドサッ
うわ～こんな本もあったなぁ～
ああ…やりかけの参考書もいっぱい
部屋と向き合うには時間も多少必要ですね…
ずら～～～っ
ケイコさんが部屋と出会い直している間に片づけのキホンをお話ししましょう
これからが本番です!!

STEP 2

片づけの基本を覚えよう

いざ「片づけを始めよう！」と思っても、実際に散らかった部屋を目の前にすると、何から手をつけていいのかわからず途方に暮れ、いきなり挫折してしまい、いつまでたっても片づかない……というケースも珍しくありません。

そんなことにならないためにも、ここからは、部屋の片づけをするうえで大切な基本をレクチャーしましょう。

その基本とは、**①捨てる　②磨く　③循環させる。**この3つを心がけることで、部屋だけではなく心にも大きな変化が表れます。

片づけの基本① ≫ 捨てる

捨てるということは、「自分の中ではっきりと決断をすること」です。不要なものを断ち切ることで、「自分にとって本当に大切なもの」がわかるようになっていきます。

ぜひ今日から「捨てる」という行動を「いらないものを手放す」のではなく、**「本当に大切なものを見極めるためのもの」**だと思ってチャレンジしてみてください。日常生活の場面でも、迷いやブレが減っていきますよ。

でも、いきなりモノを捨てていくのは、なかなか難しいもの。そこで提案したいのが、**「モノを捨てずに大切に思ってみる」**という方法です。

机の引き出しなど、どこか一カ所のモノを取り出し、一つ一つ手に取って、一度「大切にしてみよう」と思ってみます。思ってみて、すぐに「無理だな」と感じたら、感謝して手放し、迷うようなら引き出しに戻します。そして、また時間を空けて同じようにやってみると自然と捨てられたり、逆にもっと大切にしようと思えたりします。捨てるための、捨てない片づけ、ぜひチャレンジしてみては？

片づけの基本② ≫ 磨く

磨くということは、「すでにあるものの輝きを取り戻すこと」です。**磨くことを続けていくと、「ないモノを求める」思考が減っていき、「すでにあるモノ」を大切にできるようになっていきます。**すると、自分自身の魅力も存分に活かしていける！という発想になりやすくなるのです。

「片づけしよう」という人は多くても、磨こうとする人は意外と少ないのではないでしょうか。特にいろんなことをやり過ぎて忙しいと、家の中のあちこちにホコリや汚れが蓄積！　家具や家電も耐久性が悪くなり、壊れやすくなります。

テレビやパソコンなどに溜まっているホコリを精密機械専用のクリーニングクロスで拭いたり、照明器具を柔らかめの布で磨いたりするだけでも、本来の明るさや機能が戻ってきます。

モノを磨く習慣は、外に向かって注意散漫になっている気持ちを、自分の内側へとしっかりと引き戻してくれる効果もあるのでオススメです。

片づけの基本③ 》 循環させる

循環させるということは、「命を維持すること」です。自然界も人間の体も流れが止まってしまうと命が続かなくなるように、家も誰も住まずに流れが止まってしまうとすぐに老朽化して、崩壊してしまいます。だからこそ、**「循環させる＝動きをつける」ことがとても大切**なんですね！

部屋がなんとなくドヨンとして滞っていると、心もどんどんネガティブな方向に急降下。逆もしかりで、ネガティブなことを考え過ぎていると、動き（行動）が少なくなるので、部屋の流れが滞ってしまいます。そんなときはぜひ「動き」をつけて、流れを生み出しましょう！　部屋に動きをつけると、自分もイキイキしてきて、物事もうまく回っていきやすくなります。

朝、窓を開けて換気するだけでも新鮮な空気に入れ替わりますし、テーブルを少し動かすだけでも、空気の流れや動線が変わります。こうして部屋を常に循環させる習慣をもっておくと、何か滞りを感じるときにも突破口を見いだすことができますよ！

バラ
バラ
この荒れた部屋がつまりは私自身かぁ…
ぐちゃ〜〜
伊藤先生に片づけのキホンも教わったし頑張りますか！
気合いよ気合いっ!!
フンッ
一週間後
チュン
チュン
何から手をつけていいやら…
あの気合いはいずこへ…
ポリポリ
こんなんじゃダメ今日こそやるぞ！
まずはチェストから一気に！
うわっ…量多い
ぶわっ
次はデスク周り
思い出の写真出てきた——！
ぶわわっ
やってもやってもモノが泉のように湧いてくる
服はとりあえずこのへん…
本がすごい数…
終わらないよ〜…
ウロ
ウロ

…もう無理
このまま逃避したい
チーン
ピンポーン
ケイコさん
こんにちは
さぁ、気をしっかり!
あっしぇんしぇい…
空間がなくなると心にもゆとりがなくなります!
まずは一旦
モノを1カ所に集めると空間が生まれてやる気が出ます!
デスクの小物をまるごとin!
ダンボール
なるほど!空間ができると何だか動きたくなります!
わー
床が見えたっ
床にちらかった物をすべてin!
ダンボール
一気に完璧にやろうとしないことです
今日はデスクの引き出し一つを10分だけ片づけよう!
それだけでもいいんです
少しでも片づけられたら自分をほめてあげてくださいね
はいっ!!
一つ片づけたらほめちぎります!
ナデナデ
ぐっ

STEP 3

片づけ前の心がまえ

片づけを実際に始めといくと、大量のモノを目の前にし、途中でやる気が失せてしまったり、後回しにしてしまったりと、なかなか進まなくなることもあります。

そこで、ここからは片づけの実践前の心がまえとして、一歩が踏み出しやすくなるためのヒントをお伝えします。それでも「どうしてもやる気が出ない……」という人は、52ページからの「重い腰を上げるための思考チェンジワーク」もぜひ試してみてください。片づけに限らず使える方法なので、覚えておくと色々な場面で役立ちますよ。

心がまえ 1

捨てられないなら「増やさない」を考えよう

モノを捨てられないのには、心理的なワケがあります。それは、「捨てる」行為が、「自分を傷つけることになる」と無意識で思ってしまうからです。そもそも家にあるものは「必要だと思って取り入れることを決めた」ものばかり。捨てるとなると、「自分の決断が間違っていたことを認める」ことになり、心にダメージを受けるんですね。すると、傷つかないように「捨てないでおく」という選択に。よく、家族のモノを「どうせいらないだろう」と確認せずに捨ててしまうことがありますが、これはNG。相手を否定することになるので、気をつけて！

もし、**捨てたくても捨てられないのなら、「モノを取り入れるときの判断基準」を先に考えることが肝心！**　たとえば、「一番好きなモノしか買わない」「即買いはしない」など。そうすればモノが増えることもなくなり、自分にとってどんなモノが大切なのかがわかるように。それが結果的に捨てることにもつながっていきます。

心がまえ 2

「空間をつくる」ことを意識しよう

片づけが途中で嫌になるときってありませんか？　たとえば、片づけしようと意気込んで、押入れの中のモノを全部取り出したものの、床がいっぱいに！　何から手をつけていいかわからなくなって、げんなりしてしまう……。これは、今自分が取り囲まれているスペースがなくなるために、それが無意識に影響して心にゆとりがなくなっていくから。

やる気を取り戻すためには、「空間をつくること」が大切！　まずは散らかっているモノを1カ所にまとめたり、ダンボールなどの大きな箱に入れてしまいます。さらにスペースが空いたところ（床）をキレイに拭いていくと、気持ちもスッキリ。自然と動きたくなって、いらないモノを捨てたり、整理ができたりと片づけがはかどります。

心がまえ 3

「今、ちょっとだけやる！」がポイント

なかなか片づかない人の多くは、「一気にやろうとする」傾向があります。宿題でも仕事でも、締め切り間近になってあわててやるタイプの人が特に陥りがちです。

でも、気力を持続させるのは困難。途中でくじけて、片づけ自体が嫌になることも。だからこそ、片づけは、気づいたときにすぐ、こまめにちょこちょこ行うことが大切です。

たとえば、**「今日は机の一番上の引き出しだけ片づけよう」「今日は10分間だけクローゼットの整理をしよう」というように、片づける範囲をピンポイントで限定してみましょう。**すると、「それだけならできるかも」と気が楽になります。「今、ちょっとだけやる！」という意識に変えるだけで、やる気を出せますよ！

心がまえ 4

「完璧を求めない」ことが大事

片づけや掃除は、一度やり遂げて終わりというわけではありません。生活していく中で、日々続けていくものですよね。極端に言うと、終わりのない作業だからこそ、そもそも完璧な状態なんてないのです。

それなのに「完璧にやらなきゃ！」と張り切ってしまうと、できなかったときにストレスを抱えてしまったり、自己嫌悪がマックスになってしまったり。そしてまた、完璧にやろうとしてできず、自分を責めるという悪循環に陥ってしまいます。

片づけをするときに大切なことは、「いかにキレイに片づけられるか」ではなく、少しでも片づけられた自分を「いかに認めてあげられるか」です。

多少まだ散らかっていても、汚れが残っていても、完璧を求めず、ある程度までやってみる。少しできたら「できた部分」にフォーカスして、自分をほめてあげる。その繰り返しが、自信とやる気を生み、最終的に心地よいと思えるところまで片づけられるようになります。

心がまえ 5

重い腰を上げるために大切なポイント

片づけしたいと思ってはいるけれど「忙しいから無理」「気分が乗らない」「どう片づければいいかわからない」「後でまとめてやるからいいっか！」などと言い訳ばかりを思いついて、なかなか行動に移せなかったり、やり始めたら止まらなくなってヘトヘトになってしまい、しばらくは無理……と思ってしまったりという、心当たりはありませんか？

そこで、**片付けが自然とするするできるようになる「重い腰を上げるための方法」を伝授しましょう！ 次の三つのポイントは片づけに対する捉え方を変えるシンプルな思考法です。**言い訳ばかりを考えてしまうあなたこそ、難しく考えずに実践してみてください。不思議と一歩が踏み出しやすくなりますよ。

ポイント1 ▼片づけしようとしない

「今から片づけをしてください！」と言われたら、「何から始めよう……」と戸惑ってしまうことがありますよね？

「片づけをしよう」と、漠然と意気込むのではなく、「食べ終わったら、テーブルの上にある食器を流し台に持っていく」「洗濯物を取り込んだら、たたんでクローゼットの引き出しにしまう」「ハサミを使い終わったら元の位置に戻す」というように、**具体的な行動を掲げるほうが、人は断然動きやすくなります。**

家族に対しても「なんで片づけができないの？」と問い詰めたり、「早く片づけなさい！」と闇雲に怒るのは逆効果です。「テーブルに置いているモノをこの箱に戻すと、リビングがスッキリするよ」「いつもの場所にしまっておくと、次に使うときに助かるよ」と具体的に伝えてあげたほうが、より行動に移しやすくなるでしょう。

特に片づけられない人は、片づけに対して良いイメージを持っていないことが多いので、そのイメージを拭うのが効果的です。

ポイント2

気が乗らないまま動く

「片づけができないのは気が乗らないからだ！　まずは気分を上げなくちゃ！」と考えてしまいがちですが、実はここが大きな落とし穴。結局気分は上がらないまま挫折してしまったり、気分を上げることばかりに気持ちがいってしまい、片づけに到達しないまま終わってしまうことも珍しくありません。

行動心理の観点から見ていくと、**気分が乗らないから行動できないのではなく、「行動しないから気分が乗らない」**のです。

一度、やる気が出ないまま食器を洗ってみてください。無理に気分を上げようとせず、ただ行動してみると、キッチンのシンク周りがキレイに片づいてスッキリ！いつの間にか気分が上がっているということを体験できるはずです。

やってみたら気分が上がったという体験は、次の片づけの際に呼び起こされます。するとあら不思議！　気合いを入れなくても自然と体が動くようになり、楽に片づけができるようになるでしょう。

ポイント3

家族を巻き込み片づけを一緒に楽しむ

自宅でのリモートワークが増えて問題になっているのが〝コロナ離婚〟。原因の多くは、コミュニケーションのすれ違いによって家族に亀裂が入ることのようです。以前は、夫が仕事に行っていたのに、自宅で仕事をする時間が増え、妻が気を遣ってストレスを抱えたり、ちょっとしたことが気に障って衝突し、夫婦関係が悪くなったりするケースが多いようです。片づけは、そんな状況を打破するのに有効！ **部屋の片づけを目的に個々で作業を進めるのではなく、家族と協力関係を築くことや、片づけを通して連帯感を生み出すことに大きな意味があります。**

役割分担をして一緒に部屋の片づけに取り組むルールを家族で作っていくことから始めましょう。そこからお互いが分かり合い、配慮し合う気持ちが芽生えれば、それが家族の間で良いコミュニケーションを築くことにつながります。楽しんで家が片づき、家族関係も良好になれば、家で過ごす時間がますます幸せになる！ きっと、一石二鳥以上の価値を感じられるでしょう。

ポイント4 喜びをゴールにする

片づいた状態をゴールに設定してしまうと、片づけが完了するまでいつまでも自分を認めることができず、苦しいものです。

でも、「できた！」という達成感をゴールにすると、ほんの少しの行動でも自分を認めてあげられるので、自然とまた次の一歩が踏み出したくなります。

「今日はリビングの窓を拭こう！　それができたら、ご褒美にゆっくりティータイムを楽しもうかな♪」というように、喜びをゴールに始めてみましょう。

行動を後押しする方法を知っておくと
片づけ以外のことにも役立ちますよ

片づけを決心して
1カ月後―
やっぱり私は
片づけられない
女かも…
だら～～ん…
なんだかんだで
中途半端
続けられない
まるで
私の人生のよう
どうせ
ダメな女…
ゴロリ
ガンバロウよっ
またあの
パワースポット
行こっかな
みんな…
元気かな…
ピンポーン
ハイハーイ
日曜日にだれ～～？
ガチャ
ケイコさん！
ズイッ
ハッ
バババーン
どうですか
部屋と仲良くしてますか？
どれどれ…
片づきましたか？

伊藤先生！
うれしいような気まずいような…
何だか前にもあったような図…
おっと
うっうっ…
実は片づけがうまくいかなくて…
大丈夫！片づけようとしないでください
今度はコケませんよっ
「洗濯物を引き出しにしまう」というように具体的に行動を示すと動きやすくなります！
気が乗らないときはとりあえず体を動かしてみるとやる気が出てきます！
グッ
片づけしようと思わずにもとに戻す感覚で
洗濯したらもとにもどす…
とりあえず体を動かしてみる
とりあえず皿洗い!!
うおおおおっ
できた！という喜びもしっかり味わってくださいね
キレイになってうれしいわ～
キラ キラ
さっ！ケイコさん片づけがうまくいく心理ワークをしましょう
ハイ紙とエンピツ
ワーク??
心のクセもほぐしながら片づけると効果的ですよ！

重い腰を上げるための
思考チェンジワーク

Change work

ここまで読み進んで、頭では理解したけれど
腰が重くて行動に移せないという人のために、
思考をプラスに変える方法を紹介します。

重い腰が軽くなる！　思考を変えるワークにチャレンジしてみましょう。方法はとても簡単。まずは、白紙とペンを用意。紙には、自分が普段「できない」と思っていることを、「不安や恐れ、気力がない」などの感情からくる理由とともに書いていきます。内容は自由。生活習慣、仕事、恋愛、人間関係、性格など何でもOKです。次に、書いた内容を「感情」と「できないと思っている行動」に分けて記入し、それらを切り離して客観的に感じていくだけ。

このワークを行うことで、片づけのみならず、仕事や恋愛、人間関係など様々な場面で行動を阻んでしまう〝思考のブロック〟を見つけることができます。人生全般に役立つので、ぜひトライしてみてください。書き方の例を挙げていきますので、それらを参考にしつつ、自分の心に問いかけながら書いていきましょう！

— Work 1 —

自分が「できない」と思っていることを理由とともに書き出す

理由（気分、感情など） ＋ できないこと

例

- 気分が乗らないから ＋ 片づけができない
- 人前で緊張して ＋ うまくしゃべれない
- 不安だから ＋ 一歩が踏み出せない
- 面倒だから ＋ 人と会わない

「人は感情の生き物」と言われます。喜怒哀楽だけでなく、億劫に感じたり、嫉妬したり、恥ずかしいと思ったり、みっともないと感じたり、時には執着しすぎてしまったり…。その時々で小さな感情を抱いています。まずは、客観的に「できない」と思うときの感情を振り返ることから始めましょう。

— *Work 2* —

書いたものを「感情」と「行動」に分ける

感情 ／ 行動

例

- 気分が乗らない ／ 片づけができない
- 人前で緊張する ／ うまくしゃべれない
- 不安である ／ 一歩が踏み出せない
- 面倒である ／ 人と会わない

「感情」と「行動」に分けてみたものを、客観的に眺めてみてください。すると、今までイコールで結ばれていると思っていたものが、別々なものだと感じてきませんか？　私たちは自分でも気づかないうちに「〜だから、〜である」というように、感情と行動を関連づけて捉えています。その関連づけが、自分の行動を制限する大きな要因となっているのです。感情と行動を別々に考えていくと、感情に左右されにくくなり、これまでできないと思い込んでいた行動も少しずつできるようになっていきます！　ぜひ試してみてくださいね。

— *Work 3* —

「できない」行動を「できる」に変換！

例

● 気分が乗らないから、片づけができない
→**気分が乗らないからこそ、片づけをやってみる**

● 人前で緊張して、うまくしゃべれない
→**人前で緊張するのは、**
今よりもっとうまくしゃべれるチャンス

● 不安だから、一歩が踏み出せない
→**不安だからこそ、新たな一歩を踏み出してみる**

● 面倒だから、人に会わない
→**面倒と思うときこそ、人に会うと刺激がある！**

感情と行動を切り離し、新たに肯定的な関連づけをしてみるだけで思考がプラスに切り換わります。人生は、思い込みによって、良くも悪くも変化します。ぜひ、「プラスの思い込み」をするためにも、定期的にこのワークを実践してみてくださいね！

片づけ相談室

1

気がつくと通販三昧で部屋がモノに埋もれています……

24時間、家でも通勤途中でもインターネットで買い物ができる時代ならではの悩みですね。おまけに最近ではAIによってウェブサイトの閲覧履歴などから、興味があるモノの広告がドンドン流れてきて、買い物の誘惑が尽きません。

そんな状況だからこそ、ネット通販での衝動買いを防ぐためには、現状確認が大事です。

「似たようなものを持っていないか？」「本当に必要か？」「使っている自分をリアルに想像できるか？」「もっと適したものがあるのではないか？」「今あるものでもよいのではないか？」などを、購入ボタンを押す前に自分に問いかけてみてください。少しその場を離れて思いを巡らせてみるのもいいでしょう。その瞬間は欲しくてたまらなかったのに、ひと晩経ったら忘れてた！　という程度のモノだったかもしれません。

買い物は、「買う、買わない」の二択ではなく、自分にとって本当に必要なものを見極めるレッスン。買い物をストレス発散の手段にしないためにも、不要なモノに埋もれないためにも、レッスンを積み重ねましょう。

まずは現状確認！
「本当に必要か？」をよく考えて

Part 2

やりたいこと探しに夢中な人の部屋は片づかない

今日は二番目の引き出しを10分だけやろうっと！
片づけ完了！
自分をホメホメ
あれ、これはいつぞやの…
アロマハンドブック
スクールのご案内
英会話スクールの教材とアロマセラピスト講座のグッズ…
アロマハンドブック
English 1
English 2
スクールのご案内
Hi
Hi! How are you?
このアロマにはリラックス効果が…
何となく素敵なイメージがしたけど
自分には合ってなかったのかな…
私のやりたいことって何なんだろう
もしかしてないのかな？
うーーん…
いや、ないはずはない！とりあえず片づけてまた新しいスクールを探そう
プー子に負けてられん！
アロマハンドブック
English 1
とりあえずダンボール

ピンポーン
ケイコさん ちょっと待った〜!
バアアアン
先生! 大阪からわざわざ…
ス…
ケイコさん やりたいことがないことは悪いことじゃありません
えっ!?
やりたいことがないことは
逆にチャンスを生み出すキッカケになるんです!
そうなんですか?!
無理に探さなくていいのかぁ
正直… 疲れてました
はぁ
でもいつか「これだ!」と思えるものを見つけたいなって思ってて
キラーン
ビシッ
フフフ
いつかやりたいことを見つけたいなら今目の前にあることに取り組んでみましょう
ガンバ!!
「キッチン」の片づけ「モノの整理」「模様替え」にヒントがあります!
はっはい!

Advice 01

「夢見る気持ち」が散らかった汚部屋をつくる!?

自分が「これだ!」と情熱を注げるものを見つけるために、資格の勉強をしてみたり、お稽古事に通ってみたり。「憧れのモデルに近づきたい!」と思って、YouTubeを見ながら、洋服やメイク、美容法を真似てみたり。一瞬、やる気になって、教材や趣味の道具、洋服や美容グッズを買ってしまうけれど、どれもピンと来なくて、中途半端……。いらないモノばかりが増えていって、部屋中にモノが散乱!

もし、あなたの部屋がこんな風に片づかないとしたら……、自分の夢ややりたいこと探しに、必死になりすぎているのでは?

たとえば、「カフェを開きたい!」「手に職をつけて、自分のサロンを開業したい!」「語学を身につけて海外でバリバリ働きたい!」など、自分のやりたいことを見つけて突き進んでいる人は、エネルギーを注ぐ方向が明確で、キラキラして見えます。まさに夢を追いかける素敵な人。

憧れて買った洋服や
美容グッズが散乱
使っていない
モノがいっぱい
昔買った教材が山積み

そうした輝いて見える人たちへの憧れや羨ましさから、「私にも何かできるはず」などと、やりたいこと探しをしたくなってしまうもの。でも、そんな風に**外にばかり意識を向けて行動していると、実は部屋が片づかなくなってしまうのです。**

部屋に教材、趣味の道具などモノがあふれるだけでなく、休日に様々なスクールや交流会に出かけていけば、掃除も行き届かずに、部屋はますます散らかり放題。

もし、あなたにそのような心当たりがあるなら、**思い切って「やりたいこと探し」をやめましょう！** 今あなたに必要なのは、外に出かけることではなく、「やりたいこと探し」に片をつけることなのです。

Advice 02

「やりたいこと探し」のループから抜け出そう

次から次へと新しい教材や趣味の道具などを取り入れてしまったり、いらないとわかっていてもそうしたモノが捨てられないのは、今の自分や現状に目を向けずに、もっと素敵な自分を夢見てしまう心と関係しています。

他にも、63ページにあるような心の傾向を持っているので、「きっと、どこかに私が輝ける場所（イキイキ働ける仕事）があるはず！」と思い、それらを永遠に追い続けてしまうんですね。

すると、本来の自分から、どんどん遠ざかってしまうので、自分に合うもの、望むものが余計に見つからず、「やりたいこと探し」のループから抜け出せないハメに。すでに自分の持っているものがたくさんあるのに、それに目を向けられないでいるので、あれも足りない、これも足りないと取り入れて、部屋がガラクタだらけ、なんてことになります。

やりたいこと探しに夢中な人の心の傾向

- ☐ 今の自分や現状を受け入れられず、**夢や憧ればかり**に目がいきがち
- ☐ すでに自分が持っているものより、**足りないもの**に目がいきがち
- ☐ **苦手なこと、面倒なこと、やりたくないこと**を避けがち
- ☐ 何かを体験すると満足して、**飽きてしまったり、中途半端**になったりしがち

厳しい言い方かもしれませんが、やりたいことを外側に探し求めても、そのやりたいことは、あくまで頭の中の「想像」でしかありません。

それよりも、**今、自分の目の前にあることに取り組んだり、すでにあなたが持っているものに目を向けて磨いてあげるほうが、心からやりたいことが見つけやすくなります。**その結果、「もう、やりたいことを探さなくてもいいかも！」と、焦る気持ちに終止符が打てるでしょう。

まずは、現状を見つめ直し、受け入れることから始めましょう。きっと、今よりずっと心がスッキリと楽になり、部屋も片づきやすくなりますよ。

Advice 03

苦手なことが新しい可能性に気づかせてくれる

「やりたいこと探し」をし続けている人にとっては、今、目の前にあることは、苦手だったり、面倒だったり、やりたくないことに見えるかもしれません。でも、そこにもう一度、目を向けて、ちょっとだけ真剣に取り組んでいくと、気持ちに変化が出てきたり、新たな自分に目覚めたりすることがあります。

実は私自身、人前で話すのが大の苦手で、絶対にやりたくないことの一つでした。でも、ある方に「部屋と心の関係」について話をしたら、「とても面白いので、私のサロンで話してもらえないか？」と提案をいただいてしまって……。お断りしようと思っていたのですが、別の方から背中を押され、思い切って開催することに。足はガクガク、声を震わせながらも、最初で最後のつもりで一生懸命やると、「また次回も！」とお声がかかるようになったのです。

次第に人前で話をすることも苦ではなくなり、今では「一生の仕事」と思えるほど、大好きなことになり、世界中で講演するまでに育ちました。

嫌でも苦手でもチャレンジしたことで道が開かれ、心からやりたいことが見つかったのですが、だからと言って、あなたも「やりたくない依頼や仕事をやってみて！」とはなかなか言えません。さすがに、いきなりはしんどいし、ハードルが高いですよね。

そこで、ぜひ取り組んでもらいたいのが部屋の片づけなのです！　特に面倒に思いがちな、キッチンの掃除やお手入れから始めてみるのがオススメです。

というのも、**キッチンは毎日使うところだけに、汚れが溜まりやすく、掃除やお手入れが一番面倒になりがちなんですね。**

そうした面倒なものや苦手なことに一生懸命取り組んでいくと、自分の中のこだわりが外れ、視野や心のキャパが広がりやすくなります。「私って意外とこういうことが向いているかも！」と新たな可能性に気づきやすくなると同時に、キッチンもキレイになって一石二鳥です！

Advice 04

自分には「ない！」と思うから、モノを取り込む

自分がすでに持っているものに目を向けられず、あれもこれもと他から取り入れようとするのも、「やりたいこと探し」に夢中になってしまう人の特徴です。

今のあなたの部屋は、こうした自分探しの結果、本当はいらないモノでいっぱいになっていませんか？ **部屋にどんなモノが溜まってしまっているのか、まずは全体を見て、現状を確認することが大切です。**現状を客観的に見ることで、意外にも、「私、こんなに持っていたんだ！」と気づくはずですし、いらないモノを手放して、必要なモノだけを残せるようになります。そしてここからが本番！ いらないモノの整理ができたら、部屋の模様替えをしていきましょう。

模様替えといっても大がかりなものばかりでなく、花瓶や照明など動かしやすいモノの位置を入れ替えるだけでもＯＫ。自分の居場所を心地よくすることで、「やりたいこと探し」に出かけなくても、自分の持つよさや魅力に気づきやすくなりますよ。

PART2 まとめ

どうして片づかない？私のお部屋

汚部屋の原因は…

- ☑ 昔買った教材が山積み
- ☑ 始めようとした趣味の道具が放置
- ☑ 憧れて買った洋服や美容グッズが散乱
- ☑ 使ってないけれど、捨てられないモノでいっぱい

片づかない理由は…

やりたいこと探しに夢中で、本来の自分が家出中!

- 夢見る気持ちから、外にばかり意識が向いて部屋（本来の自分）を見つめていない
- 自分がすでに持っているものより、足りないところに目が行き、次から次へとモノを取り込む
- 嫌なこと、面倒なことを避けたがるので、部屋の掃除や片づけが後回しになる
- 自分にとって必要、不必要なモノがわからず、ついモノを溜めがち

オススメのお部屋ケアはコレ!

キッチンをキレイにする

1. 食後すぐに後片づけ
2. 蛇口やシンクを磨く
3. 排水口をキレイに
4. 調理道具のお手入れ

>>> P.68

モノの確認と整理

1. モノを全部出す
2. 磨いて戻す

>>> P. 70

模様替え

1. モノの位置を変える
2. レイアウトを変える
3. 好きな部屋をイメージ
4. 部屋を自分色に彩る

>>> P.72

実践

1

キッチンをキレイにする

❶ 食後すぐに後片づけ

人は満たされると楽をしたくなるので、特に食後の片づけはおっくうに。食後は「一番満たされているからこそ動く」という意識に切り替え、片づける習慣を持つと面倒なことに対処できるようになるでしょう。

☑ **食器類をすぐに洗う**

☑ **レンジやコンロの汚れを即落とす**

面倒なことを
やることで
心のキャパが広がる！

❷ 蛇口やシンクを磨く

蛇口やシンクは放っておくと、しつこい水アカが生まれてしまうもの。クエン酸水や洗剤を使って磨くと気持ちもクリアに。水アカにはクエン酸水、油汚れには台所用洗剤を使うのがオススメです。

☑ **クエン酸水でお掃除しよう**

水200cc程度にクエン酸小さじ1を溶かしたクエン酸水スプレーを準備。蛇口、シンクの内側に吹きかけて磨きましょう。

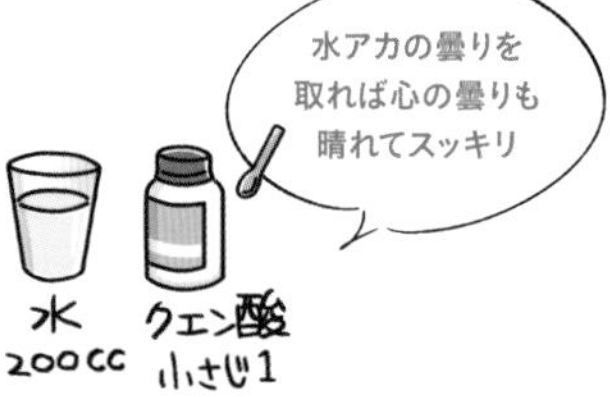
水アカの曇りを
取れば心の曇りも
晴れてスッキリ
水
200cc
クエン酸
小さじ1

Kitchen

❸ 排水口をキレイに

排水口をキレイに保てると、心のキャパは広がっていきます。重曹を振りかけ、古い歯ブラシでゴシゴシ。それでも落ちない汚れは、素手でこすり洗いをすると気持ちがいいほど完璧に落ちるので、ぜひチャレンジを！

☑ **排水口のフタやカゴを洗う**

☑ **黒ずみ・ヌメリは素手で取る**

抵抗感を克服して
取り組むと
苦手意識の解消に！
ゴシ
ゴシ

❹ 調理道具のお手入れ

お手入れを怠りがちなのが包丁や鍋などの調理道具。一つ一つ整えていくとより使いやすくなって料理したい気持ちもアップ。包丁は砥石や手軽なシャープナーで簡単に研げるので試してみて。

☑ **重曹で鍋の焦げを落とそう**

鍋やフライパンの焦げには、水コップ1杯：重曹大さじ2の割合で加え、10分ほど煮ると落ちやすくなります。

水コップ1
重曹
大さじ2
今持っているものを
大切にする心が育つ

億劫なキッチンの掃除をすることで心と体が整い、部屋が片づきます！

実践 2

モノの確認と整理をする

❶ モノを全部出す

やりたいこと探しに夢中になっている人は、自分がすでに持っているモノに目を向けられず、外にばかり意識がいっているので、次から次へと新しいモノを取り入れようとしがち。まずは、押し入れや引き出しなど、一カ所を決めてモノを全部出し、どれだけのモノを溜めていたのかを認識することからスタートしましょう。

1. 不要なものが溜まっていそうな場所を一つ決める。
2. そこにあるモノを全部出してダンボールなどの箱に入れていく。ここではまだ捨てないように注意。
3. モノを全部出して空になった収納や空間を丁寧に掃除。小さなゴミは掃除機で吸ったり、雑巾で水拭きをしたりして、スペース全体をキレイにしていく。

☑ 場所を決めてモノを取り出す

☑ 空になった収納や空間を掃除

どんなモノを
溜めていたのか
見直すチャンス！

Sorting

❷ 磨いて戻す

そのときは「欲しい！」「必要！」と思って買ったモノも、いつの間にかそのときの気持ちを忘れてしまい、宝の持ち腐れになっていることがあるかも。

ダンボールや箱に取り出したモノを一つ一つ手に取り、どんなモノがあるのかを確認し、空になった収納や空間にモノを戻す前に、一つ一つホコリや汚れをふきんなどで丁寧に拭いたり、磨いたりしていきます。

このとき、それが本当に必要なのかを感じ取ることが大切。何のために買ったのか？　今も必要としているか？　同じようなモノが複数ないか？　などをチェックしながら作業を行おう。この時点で「キレイに掃除した場所に戻したくない！」と思ったら、迷わず処分！

☑ **取り出したモノを確認**

☑ **モノを磨いてから戻す**

自分にとって本当に
必要なモノが
明確になる

モノと向き合う時間を
つくることから始めましょう！

実践
3

模様替えをする

1 モノの位置を変える

モノの確認と整理が終わったら、模様替えに移りましょう。最も簡単な模様替えがモノの位置を変えること。いつも使うモノの位置を反対に変えたり、場所を移動したりすることで部屋に新しい流れが生まれます。

☑ よく使うモノの位置を反対に

☑ 飾りなどを移動させる

新しい刺激が加わると
部屋も心もリフレッシュ

2 レイアウトを変える

家具を移動したり、部屋のレイアウトを変えることで気分が大きくリセットされます。視界の変化によって新しいアイデアが生まれたり、滞っている現状に何か変化が起きるかもしれません。

☑ 思いきって家具を移動する

☑ 家具や家電の向きを変える

視界の変化で
異なるアイデアが
生まれるかも！

Makeover

③ 嬉しい部屋をイメージする

お気に入りの空間は、毎日自分にパワーを与えてくれます。自分はどんな部屋にいるとワクワクするのか？　好きなテイストを思い描くことで、自分が喜ぶ空間を生み出していきます。

- ☑ 好きなテイストを見つける
- ☑ メインカラーをチェンジ

④ 部屋を自分色に彩る

小物やグッズを使えば、手軽に自分好みの部屋を演出できます。思いを素直に形にすると、自分らしさが際立って、心地よさも抜群に。自分だけの理想のお城を、ぜひ表現してみましょう。

- ☑ 好きな小物で個性を表現
- ☑ デコレーションで部屋を演出

自分らしい居心地のいい空間にすることで自分本来の魅力に気づけます

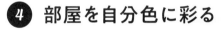

片づけ相談室

2

DIYで部屋の模様替えや収納アイデアを実践してみたい

片づけや模様替えのためにDIYにチャレンジするのはいいアイデア！　家族や仲間を巻き込んで楽しく実践するのがオススメです。「どうやったらいいかわからない……」という人は、SNSなどで参考になるイメージ画像をチェックして、自分の部屋に当てはめて具体的にイメージを固めておきましょう。

DIYのポイントは、部分的にスタートすること。いきなり大がかりなことをすると、途中でイヤになって挫折してしまいがちです。少しずつテストを繰り返すイメージで、「まずはリビングのこの棚周りをやる」「次はこのコーナー」といった感じで試していけば、こまめに達成感を味わえるので楽しみながら継続できるでしょう。

今あるものを活用するのも片づけ成功のポイント。DIYのために新たにアイテムを購入、また購入……を繰り返していると、片づけどころかモノが増えてしまうことも。例えば、台所で眠っていたジャムの空きビンをペン立てに使ってみる、こんな小さなことから初めてみてはいかがですか？　頭と感性を使うことで、本当に必要なもの、不要なものが見えてきます。

イメージを固めてから
家族や仲間を巻き込んで楽しんで！

Part 3

やせたいのにやせられない人の部屋は片づかない

昨日の夜もDVD見ながら食べちゃった…
BRIDGET JONES'S DIARY
ポテト
ぐちゃ～
やせたいのにやせられないユウカ・29歳
ムギュ
ヒェ
きっと、顔も体もむくんでるはず！久々に昔の友達と会うのに～
現実見たくないから鏡と体重計は素通り
やっぱあのダイエットサプリ買うしかないな…!
スルー
ふぅ…
洋服は「着たい服」じゃなく「着られる服」をやむなくチョイス
つまり楽な服…
安心のウエストゴムスカート
よいしょっ
ぐいっ
プルルルル
ハイハーイ
えっドタキャン～
あー彼がカゼひいちゃって一
えぇ～
ゴソゴソッ
もう～
食べるしかないじゃん！

ピンポーン
ユウカちゃん こんにちは！

??

ケイコさん どうしたんですか あら、こちらの 素敵な紳士は？

はじめましてっ
伊藤先生！ ご紹介はあとで ゆっくりするとして…

ユウカちゃんの悩み 部屋を見つめ直すことで 解決できるかもよ！

え…っ!?

ね！ 伊藤先生？

部屋を見つめて 片づけるとやせる 女性は多いですよ！

片づけでやせる？ すぐ片づけますぅ
今さらだけど キャー 見ないでっ！

「洗面所」と「クローゼット」 中心に片づけると リバウンドせずにやせて 美しくなりますよ！

ホントですか！ ぜひ教えてください！

Advice 05

モノを大切にしない心が部屋を荒れさせる

食べかけのお菓子や飲みかけのペットボトルがあちこちに散乱していたり、食べ物のストックが棚や冷蔵庫などにかさばってスペースを取っていたり。買ったはいいけれど、すぐに飽きて使わなくなってしまったダイエット器具や美容器具、コスメ類がホコリをかぶって眠っていたり……。

そんなモノたちが部屋のあちこちにあるとしたら、なかなかやせられずに、リバウンドを繰り返してしまうタイプかもしれませんね。

実は片づけの相談を受けていると、「やせたいのにやせられない」「ダイエットしてもリバウンドしてしまう」という悩みを同時に持たれている方も少なくありません。そうした人たちに共通する特徴が、「**モノを大切に扱っていない**」ということ！

もちろん流行りのダイエット商品を次々買っては放置してしまう、ということもありますが、たとえば外出先から疲れて帰宅すると、そのままバッグを床にボンと投げ

着やせして見える服でいっぱい！
ただいま～
服や小物が床やベッド、ソファーに雑に置かれている
使っていない流行のダイエット器具や美容器具

たり、服も脱いだままベッドやソファの上に置きっぱなしにしたりと、ちょっと言い方は悪いですが、**「モノをぞんざいに扱ってしまう」傾向がある**ようです。

洋服も、多少高くでもお気に入りのモノを長く愛用するというより、セールだからと買った服や安価で気楽に着られる服を次々と買い込んで、クローゼットがパンパンになっている印象です。

でも大丈夫！　部屋の片づけを通して、自分の心の傾向も見つめ直していくことで、自然とやせてキレイになっていく人たちをたくさん見てきました。「ダイエットしなきゃ！」と焦るよりも、片づけで無理なくやせてキレイになりましょう！

Advice 06

自分自身をどれだけ大切にしているか？

モノを大切に扱えないということは、自分自身を大切に扱えないという心ともつながっています。根本に、「自分自身を大切にする」心がないと、身につけるモノも自分が本当に気に入ったモノより、手ごろで少々妥協したモノに。それだけに雑に扱ったり、放っておいたりしてしまいがちです。

食事も自分の心と体によいものより、単に「食べたい」「口さみしい」という欲求を満たすためのものになり、食事の内容も量も偏り、太りやすいスパイラルに。ボディも生活習慣も部屋も、乱れていってしまうというワケなんですね。

人や情報に流されやすいという傾向もあるので、流行りのモノに飛びつきやすかったり、「周りはみんな彼氏がいるのに自分だけいない」「私、将来結婚できるのかな」と不安に陥ったり、人と比較したりして、足元がおぼつかない特徴があります。

それに、周りの発言力のある人にも弱く、誘いや頼まれごとを断れないことも多い

やせたいのにやせられない人の心の傾向

- □ 自分自身を大切にできないために、**身の回りのモノの扱いも雑**になりがち
- □ 人や情報に**流されやすく**、判断が**他人任せ**
- □ 自分にとって**楽なほうや**、**様々な欲求・誘惑**に流されやすい
- □ 自分は「こうしたい！」「こうなりたい！」という**明確なイメージがない**

ので、ストレスが溜まりやすいんですね。そのストレスから、ついついドカ食いをしてしまったり、衝動買いをしてしまったりということもあります。

そうした自分の心の中にある不安や焦りなどの感情、ストレスの存在に気づき、認めていかないと、一時的に体重を落とすだけでまた太ってしまったり、部屋を片づけても、結局また散らかり、リバウンドを繰り返してしまいがち。

自分の中にあるマイナスの感情やストレスにも目を向けてあげながら、「**人や情報や様々な欲求に惑わされない強い自分**」を確立していくことが、結果的に部屋とボディのスリム化につながります！

Advice 07

片づけが「美意識」を高めてくれる

人や情報に流されてしまうのも、様々な欲求や誘惑に負けてしまうのも、**「自分で自分を大切にしようとする気持ち」がもてなかったり、自分は「こうなりたい！」という明確なイメージが確立されていない**ことが理由としてあります。

そんな自分を気持ちだけで変えるのはなかなか難しいですが、実は部屋の片づけをすることによって、自然と自分の心と体を変えていくことができます。

ポイントは洗面所とクローゼット。洗面所は、自分自身の「美」をつくる出発点であり、この空間をキレイに整えることでスキンケアやメイクがはかどり、自分を美しく保つ努力ができるようになります。クローゼットは、自分自身の見せ方を演出する舞台裏。「自分がどうなりたいか？」「どう見せたいか？」を基準に洋服や小物を整理することで、本当に理想とするスタイルが明確になります。この二カ所の片づけで、自分を美しくする意識が高まり、理想の美貌や体型に近づきやすくなります。

PART3 まとめ

どうして片づかない？私のお部屋

汚部屋の原因は…

- ☑ 流行りのダイエット器具や美容器具が眠っている
- ☑ やせると評判のダイエットサプリがズラリ
- ☑ 着られる服や着やせして見える服でいっぱい
- ☑ 服や小物が床やベッドに雑に置かれている

片づかない理由は…

自分で自分を大切にする気持ちがお休み中！

- 自分自身を大切にできないために、身の回りのモノの扱いが雑になりがち
- 人や情報に流されやすく、流行りのモノにすぐ飛びつくためにモノがあふれる
- 人と比べたり、人に合わせたりするストレスから衝動買い
- 楽なほうに流れやすいため、掃除や片づけは後回しにしがち

オススメのお部屋ケアはコレ！

洗面所を片づける

1. 鏡をピカピカに磨く
2. 洗面ボウルを磨く
3. 洗面アイテムを収納
4. 美の空間を演出

P.84

クローゼットの整理

1. 服や小物の確認
2. 服を振り分ける
3. 着たい服を選ぶ
4. ショップ風収納

P. 86

洗面所を片づける

① 鏡をピカピカに磨く

鏡は水滴の跡やホコリ、手アカがつきやすいもの。クエン酸スプレー（P.68）で磨いて鏡の曇りが取れると、顔のむくみや肌の調子もよく見えるようになり、美への意識がアップ！　日ごろの生活を見直すキッカケに。

☑ 曇りや手アカをしっかり取る

☑ 普段からこまめに水滴を拭く

素顔がはっきり
鏡に映ると、
美への意識がアップ

② 洗面ボウルを磨く

洗面ボウルは放っておくと水アカや菌が繁殖。クエン酸スプレー（P.68）でボウルの内側や蛇口周りまで汚れを落とせば身も心も晴れやかに。洗面台がキレイだとスキンケアも楽しくなる！

☑ スポンジで汚れを取る

☑ 排水口なども丁寧に掃除

クエン酸水
スプレー
スポンジ
キレイな洗面台だと
スキンケアも
楽しくなる！

Lavatory

③ 洗面アイテムを収納

洗面台が雑然としているとそれが心にも影響し、美容への気力がダウン。頻繁に使う歯磨きや洗顔アイテム、化粧水などは下段、使用頻度が低い美容パックなどは上段に置くなど、導線を意識して美しく収納しましょう。

☑ 収納の中身を全部取り出す

☑ 動線を考えながら収納

使いやすい収納で
美のお手入れが
はかどる！

④ 美の空間を演出

洗面所を「美の空間」として意識し、ワンポイントの香りや飾りを添えて洗練された空間にしましょう。蛇口付近にモノが置かれたままだと汚れやすく、見た目的にもマイナス。できるだけスッキリさせると気分もアップ！

☑ 洗面台は最低限のモノだけに

☑ 好きな香り＆飾りで空間を演出

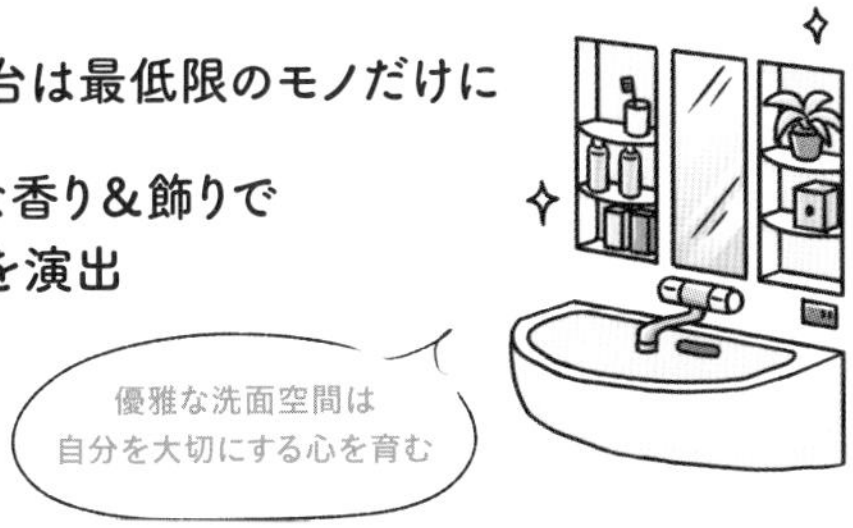
優雅な洗面空間は
自分を大切にする心を育む

自分と向き合う洗面所だからこそ毎日丁寧にお手入れを！

実践／2

クローゼットの整理

❶ 服や小物の確認

服や小物の種類や量など、現状を知ることが第一歩。クローゼットの中身を確認し、何年も使っていないモノ、状態の悪いモノ、今の自分に合っていないモノは処分を。雑巾として再利用するのも一案です。

☑ 数量や状態を確認!

☑ 古くて使わないものは処分

えーと
ベルト4、
ワンピ8…と
クローゼットの現状を知ると、整理がはかどる!

❷ 服を振り分ける

よく着る服と、そうでない服を振り分けてみましょう。着ない服はなぜ着ないのかを自分に問いかけ、その上で必要ないと思ったら処分。着ない服の色合いをよくチェックして、今後の買い物に参考にすることも重要!

☑ 着る服と着ない服を振り分け

☑ 着ない服の色合いをチェック

似合わない服や妥協して着ている服が明確に
うーん
着てるかな?

Closet

❸ 着たい服を選ぶ

その服は本当に着たい服なのか、それとも周りを意識して着ているのかを感じ取ることで、自分にとって必要な服がわかります。ワンサイズ下でも「本当に着たい服」を飾ると、その服にふさわしい体型に変身できる！

☑ いつも着る服をさらに分類

☑ ワンサイズ下の服を飾る

絶対着るぞ！
着たい服を飾ると
それにふさわしい自分になる！

❹ ショップ風収納

クローゼットをまるでショップのように洋服の種類別に分け、たたみ方をそろえると整理が進み、おしゃれ心も弾みます。洋服は収納スペースの8割ぐらいに収めて、シーズンオフの服は別場所にしまうなど工夫を。

☑ 空間にゆとりを持たせる

☑ 色や高さ、
たたみ方をそろえる

おしゃれ心が弾み、
センスも見た目も
アップ！

クローゼットをキレイにすることで
美意識も自然とアップ！

片づけ相談室

3

コロナ禍で人に会う機会が減り、ズボラさが増して散らかり放題……

「片づけ、生活習慣、心」。この3つは大きく関係しています。コロナ禍で人と会う機会が減ったことで、自分を表現するコミュニケーションが減り、マイナスのスパイラルに陥ってしまったという人も珍しくありません。家にいる時間は増えているのに、心の余裕がない…そんな状況こそ、部屋が散らかる原因なのです。

こんな話をすると、「後回しにせず片づけて！ 規則正しい生活習慣を！ って言うんでしょ?」と思われるかもしれませんが、私は、「そんなときこそ好きなことをして!」と、アドバイスします。好きなことをするのは生活にメリハリをつけること。好きなことをして気分が上がると、心に余裕が生まれます。部屋の状態を客観的に見る余裕ができれば、「片づけよう!」という気持ちになるでしょう。

最近、朝6時からオンライン講座を始めたところ、30〜40人の方が参加してくださり、「1日のリズムが整う」「講座で習ったことをすぐに実践できて気持ちがよい」という声も。早起きのモチベーションを見つけるのもいいアイデアですね。

まずは好きなことをして、
心の余裕を取り戻しましょう

Part 4

理想の相手と出会えないと嘆く人の部屋は片づかない

ただいまー！
ユウカちゃんも片づけ始めたみたいだし私も頑張ろう！
先生に教わった通りキッチンを磨いて…
心洗われるわ～
キュッ
キュッ
キュ～
模様替えも完了！ベッドカバーも変えたし気分も上がる！
テンション上がるわ～！
ボヨン
ボヨン
自分の部屋が居心地よくなってきた！
うん、いいかんじ
そういえばやりたいこと探しに焦らなくなってきたなぁ
スッキリ
でも待てよ、このままじゃプー子に負けたまま…
私だって素敵な旦那さんを見つけなきゃ！
Cafe
coffee
Cake
ハッ
う～ん…あれでもない
これでもない…
婚活パーティ行っちゃおう！何着ていこうかな～

婚活パーティ会場
こんにちは～
あっ こ…こんにちは…
ワイ
ワイ
5番のケイコさんですね どんなタイプが好き？
えーと… どんなタイプですかね？
たぶん アナタではないかも…
ただいま～ 今日も収穫なかった まあいいや寝よ～
おフロも明日でいいや～
ドスッ
チュン
チュン
ギャー！
おかしい… 部屋がまた汚く…
ガガーーン
もしや私の心の問題… 理想の彼氏ができないのも関係してるのかな？
もしもしっ
伊藤先生っ！ 最近、また部屋も片づかないし 彼氏もできないし… どうしたら…！
うっうっ…
ぐすん
大丈夫！
ケイコさんおちついてっ
理想のパートナーに出会える自分になるには「トイレ」と「浴室」と「床」のお掃除が大切！
チャレンジされますか？
ケイコさーんっ
ウォー
も、もちろんです！ 片づけでも掃除でも何でもやります！
メラッ
メラ

Advice 08

部屋がなおざりに 出会いの場を求めすぎて

忙しく外に出かけていて、片づけや掃除が行き届かず、床や家具がホコリだらけ。キッチンや浴室、洗面所などの水回りも丁寧に掃除ができなくて汚れがちらほら。そして衝動的に買ってしまった勝負服やアクセサリー、コスメ類があちこちに散乱……。あなたの部屋がそんな状態だったとしたら、もしかすると「彼氏がほしい（ｏｒ結婚したい）けど、理想の人との出会いがない！」と焦り続けているかも？

「出会いがない！」という人の多くは、出会いの場を増やすことばかりを考えて、あくせくと外に足を運ぶことが多くなりがちです。そのような生活を続けていると、家で過ごす時間が減り、さらに心身に疲れが溜まって、部屋をケアする余裕がなくなってしまうのです。

ごはんも家で食べたり、食べなかったりと不規則なので、キッチンも汚れが溜まったまま放置されていたり、シンクに洗い物が何日も残ってたり。帰宅後、疲れてお風

キッチンが汚れていて
シンクに洗い物が溜まりがち
出会いのための
勝負服や
アクセサリーが散乱
片づけ掃除が行き届かず、
床や家具やホコリ、ゴミだらけ

呂に入る気力もなくなってしまい、簡単にシャワーで済ませてしまって、浴槽も掃除をしない日々が続いてしまいます。

もし仮に、理想の人と出会えたとしましょう。その素敵な彼から「今度、あなたの家に行ってもいいですか？」と言われたら、どうでしょう？「はい、喜んで！」と即答できないとしたら、せっかくのチャンスを逃してしまうという事態に。

いい出会いをつかみたいなら、どうやって出会うかを考えるよりも、「出会った後」のことを考えることが大切！ 今のあなたの部屋は、理想の相手と一緒に過ごせる環境でしょうか？ 出会いを求める前に、まずはお部屋づくりを！

Advice 09

こだわりの強さが出会いの幅を狭める

出会いを求めることは悪いことではありませんが、人に会えば会うほど自分の中の理想と期待がふくらみ、相手に求めるハードルを知らず知らずのうちに上げてしまうことも。それだと、残念ながら自らご縁を遠ざけてしまうことになります。

出会いがないと嘆く人の中には、こうして理想の条件を自ら上げてしまい、ご縁の幅を狭めている可能性があるんですね。

その思いの奥には、「相手にこうあってほしい」というこだわりの強さが存在します。相手に対するこだわりが強いと、それに当てはまらないと感じたら、すぐにシャットアウトしてしまうので、本当は自分にとっていい相手だとしても、スルーしたり、候補から外してしまうのです。

自分を100%受け入れてほしいと思いがちなのも、出会いがないと嘆く人の特徴の一つ。**受け入れてほしいと思いながらも、人と深くつながることを避ける傾向があ**

やりたいこと探しに夢中な人の心の傾向

- □ **自分の身の丈以上の理想の人**を求めがち
- □ 相手ばかりを求めて、結婚生活に大切な**丁寧な暮らしがおろそか**になりがち
- □ **こだわりが強く**、相手が望み通りの行動をしないと**シャットアウトしやすい**
- □ 自分を**100％受け入れてほしい**けど、否定されるのが怖い

ります。

というのも、関係が深まれば深まるほど、相手から受け入れてもらえないこと（拒絶・否定されること）や、自分が受け入れられないことが出てくるであろうと、心のどこかで感じているからなんですね。

そういう人は、ある程度まで関係が進んでも、相手からちょっとでも受け入れてもらえない（自分が受け入れられない）言動や行動が見えると、引き潮のように心がサーっと引いてしまいます。

それもある種こだわりの強さなのですが、そうしたこだわりが自分にないかどうか考え、手放すことが、理想の相手とめぐり会う近道となります。

Advice 10

理想の相手から抜け出そう

「相手にこうあってほしい」「自分を100%受け入れてほしい」という自分の中のこだわりや我の強さを外していくことが、出会いを広げるうえでは大切。そして、相手から拒絶や否定されることを恐れる気持ちを手放し、ありのままの自分をさらけ出す勇気を持つことが相手と深い関係性を結ぶための一歩になります。

そこでカギとなるのが、トイレと浴室と床の片づけ！　**トイレは、掃除するのに最も抵抗感が出てきやすいだけに、ここをピカピカに磨くと、自分のこだわりや我の強さが和らぎます。浴室は心身を浄化したり、解放できる場所**なので、美しくリラックスできる空間にすることで、頑なな心と体がゆるみ、人に対して心が開きやすくなります。そして**床は人が暮らすうえで基盤となる場所。**もし床が汚かったり、足の踏み場もないと自分以外の誰かが入ることは難しいものです。好きな人が自分の部屋を訪れたときに、気持ちよいと感じるかを意識しながら片づけていきましょう。

PART4
まとめ

どうして片づかない？私のお部屋

汚部屋の原因は…

☑ 出会いのための勝負服やアクセサリーが散乱

→ 片づけ実践はP.86を参照

☑ 片づけ・掃除が行き届かず、床や家具にホコリが蓄積

☑ キッチンが汚れていたり、シンクに洗い物が溜まりがち

→ 片づけ実践はP.68を参照

☑ 浴室に汚れやカビがあるなど、不衛生

片づかない理由は…

自分の中の「強いこだわりや我」が居座り中！

- 出会いを求めること（外）に意識がいき過ぎて、部屋のケア（内）が行き届かない
- 自分をよく見せたい一心で洋服やアクセサリーを買い込んでしまう
- こだわりや我の強さから、マイペースになり、相手を迎え入れる環境がつくれない

オススメのお部屋ケアはコレ！

トイレを掃除する

1. 便器を磨く
2. トイレ部品を掃除
3. 床や天井をキレイに
4. 心が安らぐ空間に

P.98

浴室を掃除する

1. 浴槽周りを洗う
2. 床や天井を磨く
3. 排水口をキレイに
4. バスグッズを整える

P.100

床を磨く

1. 床のゴミをはらう
2. 床を雑巾がけする

P.102

実践
1
トイレを掃除する

1 便器を磨く

最も汚れやすい便器の内側、ふち、外側にクエン酸水スプレー(P.68)をかけ、少し置いた後トイレブラシでこすります。頑固な汚れにはクエン酸水スプレーの後に重曹をかけてこすりましょう(換気注意)。

☑ 便器の内側を磨く

☑ 便器周りや便座を拭く

抵抗感のある
トイレ磨きが
こだわりを取り除く!

2 重曹水で細部を掃除

気配りは恋愛成就の第一歩。手洗い場や蛇口、ドアノブなどの汚れは、ぬるま湯200cc、重曹大さじ1を混ぜた「重曹水スプレー」を吹きかけ、丁寧に拭き取りましょう。ペーパーホルダーの隙間は綿棒で。

☑ 手洗い場などのホコリを取る

☑ ペーパーホルダーを拭く

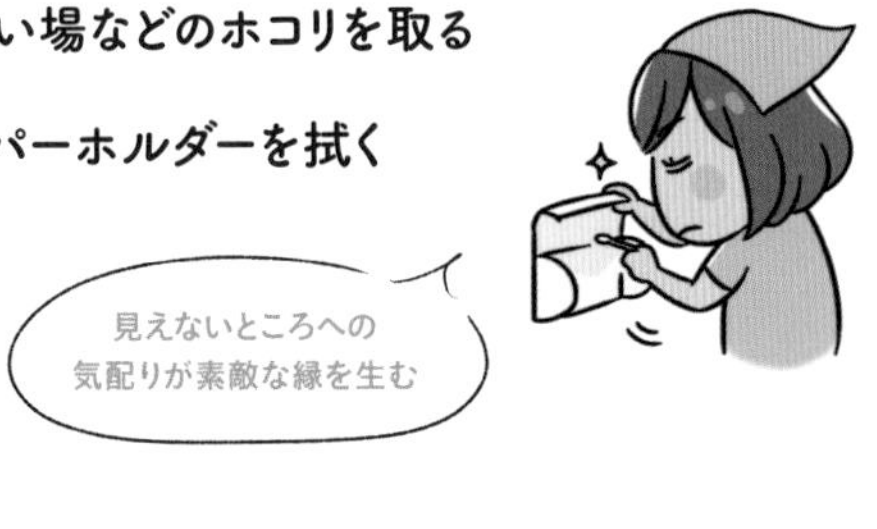
見えないところへの
気配りが素敵な縁を生む

Toilet

❸ 床や天井をキレイに

重曹水スプレー（P.98）で少し湿らせたペーパーモップを床や壁に当て、端から拭きます。換気扇のホコリは掃除機で吸い取ればOK。床は軽く拭いた後、雑巾に重曹水スプレーをかけて隅々まで磨き、最後に乾拭きを。

☑ 天井・壁を拭く

☑ 床を磨く

隅々まで空間を
キレイにすることで
心もスッキリ

❹ 心安らぐ空間に

トイレットペーパーを▽に折ったり、消臭&香りを添えたりすることで、心にゆとりが生まれ、マイナスの視点が減っていきます。空びんに重曹大さじ3を入れ、アロマオイルを数滴垂らすと、手づくりの芳香&消臭剤に！

☑ ペーパーを▽に折る

☑ 消臭＆香りを添える

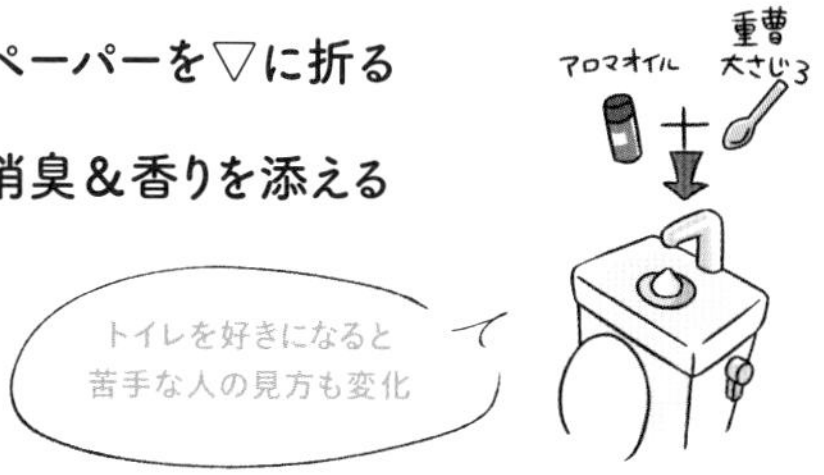
アロマオイル
重曹
大さじ3
トイレを好きになると
苦手な人の見方も変化

トイレをキレイにして心がスッキリすると人の見方がポジティブになりますよ！

実践

2

浴室を掃除する

1 浴槽周りを洗う

浴槽に重曹水スプレー（P.98）をかけてスポンジでこすり（ゴム手袋使用）、よく洗い流します。シャワーヘッドは水6カップ、酢1カップを入れた洗面器に1～2時間浸け、古い歯ブラシでこすり洗いを。蛇口はP.68参照。

☑ 浴槽全体を洗う

☑ 蛇口などの水アカを取る

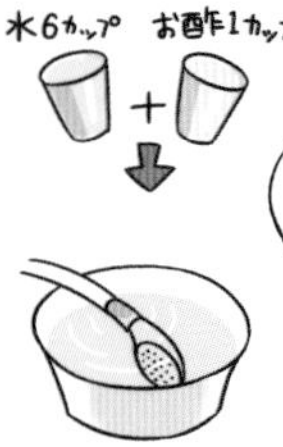
水6カップ
お酢1カップ
キレイなお風呂は
解放を促し、
心もオープンに

2 床や天井を磨く

床や壁には重曹水スプレー（P.98）を吹きかけ、固めのスポンジでこすります。溝の黒ずみは重曹粉を振りかけて古い歯ブラシで洗います。天井は柄つきのスポンジに重曹水スプレーを吹きかけ、端から磨いていきましょう。

☑ 床と壁の汚れを取る

☑ 天井を磨く

気持ちよい空間は
心身の解放を
促してくれる！

Bathroom

③ 排水口をキレイに

排水口の髪の毛やゴミを取り除き、重曹を振りかけ、酢を1カップ注ぐとシュワッと発泡。10分ほど放置して流すと汚れがスッキリ。排水口のフタや受け皿にも重曹を振り、古い歯ブラシで洗うと細かい汚れも落ちます。

☑ 排水口の詰まりを取る

☑ 細かい黒ずみを取る

重曹
お酢
詰まりが取れると
毎日の生活にも
いい流れが！

④ バスグッズを整える

洗面器やイスなどは重曹水スプレー(P.98)をかけ、固めのスポンジで洗います。ザラッとした湯アカにはクエン酸水スプレー(P.68)を。シャンプー類はオシャレなボトルをそろえ、底面のヌメリをキレイに洗いましょう。

☑ 洗面器などグッズを洗う

☑ ボトル類を整える

グッズにも気を配ると
バスタイムが
楽しくなる！

キレイで気持ちのよいお風呂で自分を満たしてあげましょう

実践 3

床を磨く

1 床のゴミをはらう

床がモノで埋め尽くされていると圧迫感が出てきて心にもゆとりがなくなってしまうので、まずは床に置いてあるモノをしまい、床の面積をなるべく広く確保します。掃除機でホコリやチリを吸い取り、換気をして空気を清めましょう。

床は面積をより広くするよう心がけ、キレイに磨きます。床に荷物が散乱していたり、何か幅を取るようなモノが置いてあったりする場合は、収納場所に入れるなどしてスペースをつくります。

掃除機でホコリやチリをある程度、吸っておくと床磨きがしやすくなります。少量の塩を床にまいて、いつもよりも丁寧に隅々まで掃除機をかけると床全体がさっぱりします。

☑ **床に置いてあるモノをどける**

☑ **掃除機をかける**

居心地のよい
部屋にするために
まずは床を清めて
塩

Floor

❷ 床を雑巾がけする

最近はペーパーモップなど、立ったままで床を拭ける便利な掃除用具もありますが、隅々の汚れやホコリを取り除くには、昔ながらの腰を降ろしての雑巾がけが一番効果的です。

フローリングの床磨きは水拭きがキホン。しかし、水気が多いと床が傷むため、雑巾は水気を固く絞ること。スペースの奥から順に拭いていくと足元が汚れず、拭き取りモレもなくなります。

さらに床をスッキリさせたい場合は、クエン酸水スプレー(P.68)に好きな香りのアロマオイルを数滴垂らした床用アロマスプレーがオススメ(清涼感のあるユーカリ、ペパーミントがGOOD)。吹きかけながら雑巾で素早く拭くと気持ちよい空間になります。

☑ 固く絞った雑巾で水拭き

☑ 香りを添えて気分爽快

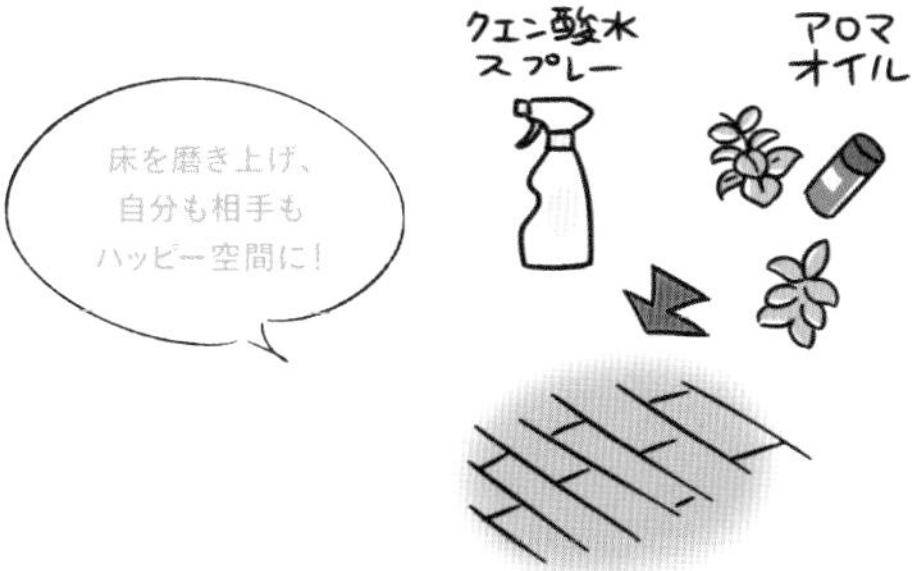
クエン酸水
スプレー
アロマ
オイル
床を磨き上げ、
自分も相手も
ハッピー空間に！

床がキレイだと
いつでも彼を迎え入れられますね！

片づけ相談室

4

理想の美しすぎる部屋を実現したのに結婚できません〜！

「どんな部屋が理想的ですか?」とお伺いすると、「ホテルのスイートルームのような部屋」と答える人が少なくありません。でも、実際に美しすぎる部屋に住んでいる女性が、深い悩みを抱えているケースは珍しくないのです。

そうした女性に共通するのが「結婚できない」「いい相手にめぐり会えない」「なかなか結婚まで発展しない」という悩み。キレイ過ぎる部屋の背景にある「こうあるべき」「こうあってほしい」という自分の枠や強いこだわりが原因で、相手が自分の思いどおりにしてくれないと気持ちが冷める……。これが、相手と深い関係を築けずに終わる理由です。

結婚は、異なる考え方の他人同士が一つになるということ。嫌なところや違いを認め合い、受け入れ合うからこそ、よりよいパートナーシップを育んでいけるのではないでしょうか。

部屋を片づけるときも、きっちり、キレイに自分の理想に当てはめていこうとするより、自分と相手が幸せに暮らしているようなイメージを描きながら、居心地のいい空間を目指していくほうが、結婚に近づきやすくなります。

部屋と同様、理想ばかりを求めず
相手を尊重することを忘れないで！

Part 5

言いたいことが言えない人の部屋は片づかない

マユミ宅
でさー うちの姑が…
わかる わかるー
うんうん
言いたいことが言えない
マユミ・40歳
わー
きゃー
今日うちのパパ遅いのよー
うちも!
…
夕飯だけど帰ってとは言えない…
ただいまー
トントントン…
たまには家事手伝ってほしいけど
はあ～ つかれた～3
だら だら
ケンカしたくないから…我慢しよう
クー! この一杯のために生きてるな～
プハー
ある日
ユウヤちゃんの好きなブーブーのおもちゃ買ってきたわよ～!
わーい! ばーばありがと～
お義母さんいつもすいません
ママー 大型バスだよー!!
山盛りっ…
いいのよいいのよ
もういらないって言えるわけもなく…

ごちゃー
もう気疲れして何もできない…
はぁ…
ピンポーン
マユミさんこんにちは
あらケイコちゃんどうしたの？
こちらの素敵な紳士はどなた？
パタ
パタ
伊藤先生を紹介したくて…
マユミさんの悩みも部屋と関係してるかもって
はじめましてっ
私の悩みは相変わらずだけど…
バラ
バラ
部屋は片づける気力がなくて恥ずかしながらほらこの通り
実は、言いたいことを言える自分になるためのヒントが…
「玄関」と「リビング」の片づけにあるんです！
キラ
キラーーン
えっ!?
それは知りたいです…
ぜひ教えてください！

Advice 11

相手のペースに翻弄されて部屋も雑然

友人や知人のオススメで思わず買ってしまったモノが、結局使われずに放置されていたり。人からもらったお土産や贈り物がいつまでも捨てられずに、押し入れの奥に溜まっていたり。さらには、玄関や寝室にあるモノが、なぜかリビングにあるなど、本来あるべき場所に収納されず、ゴチャゴチャしていたり。

そんなふうにいろんなモノたちで部屋が混沌としていたとしたら……、もしかすると、人に言いたいことが言えなくて、悩んでいる人がいるかもしれませんね。

たとえば、「人からの誘いやもらいモノを断れなくて、ついついOKしてしまう」「仕事の残業やボランティアを頼まれて、嫌と言えずに引き受けてしまう」「本当は相手に不満を持っているのに我慢して内側に溜めてしまう」ことはないでしょうか？

自分の思っていることを人に言えないでいると、相手のペースに翻弄されたり、相手主導の生活になったりしがちです。

お土産や贈り物が
捨てられず山積み
寝室のモノが
リビングにあったり…
モノがあるべき場所に
しまわれていない

すると、自分にとって本来必要でないモノであふれてしまったり、モノがあるべき場所にないような無秩序な空間になってしまったり、相手のペースに翻弄されてしまうことで、片づけや掃除をする時間も気力もなくなり、雑然としてしまうのです。

こうなってしまうのも、**「自分自身の考え方や価値観、ペースがはっきりと定まっていない」**から。

もし、あなたにそのような心当たりがあるなら、まずは自分の考え方や価値観、ペースが確立できるような片づけをしていくことが肝心。次第に言いたいことを言えるようなハートの強い自分へと変化していくはずです！

Advice 12

自信のなさから人に思いが言えなくなる

そもそも、自分自身の考え方や価値観、ペースがはっきりと定まらなくなってしまったのは、「他人の意見や周りの情報をもとに、判断や選択をしてきてしまった」ことが主な原因です。

自分の中で考えを掘り下げる前に、他人の意見や周りの情報を大事にし過ぎてしまった結果、自分の考えがわからなくなり、自信が喪失……。自信がないことで、人に対して自分の思いが言えなくなってしまい、いつの間にか相手のペースに飲まれたり、ストレスが内側に溜まったりすると、部屋をケアする余裕がなくなり、散らかりやすくなってしまいます。

人に嫌われるのが怖い（人に好かれなきゃいけない）と思ってしまうのも、言いたいことが言えなくなる人の傾向の一つです。

「もし、この頼みごとを断ったら、あの人困らないかな？（うらまれないかな？）」「も

言いたいことが言えない人の心の傾向

- □ 他人や周りの意見を大事にし過ぎてきた結果、**自分の考え方に自信が持てない**
- □ 人に嫌われるのが**怖い**（人に好かれなきゃいけないと思っている）
- □ 自分のペースではなく、**相手のペースに合わせて行動**してしまう
- □ **自分の想像や思い込み**で物事を捉えたり、判断しやすい

し、この場で違う意見を言ったら、空気が気まずくならないかな？（空気が読めない人と思われないかな？）」など、どちらかというと、相手に対してマイナスの事柄を言う場合に躊躇して、口ごもってしまいます。

そういう人は、「相手のことを気遣える優しさがある」という側面もありますが、一方で「自分は悪く思われたくない（よく見せたい）という自己保身の気持ち」もあるなど、内面が複雑に絡み合っているんですね。

いずれにしても、相手や周りのことを気にし過ぎることから、**自分の心がブレやすくなったり、ストレスや疲労が溜まりやすくなったりして、部屋も片づかなくなっていくのです。**

Advice 13

「マイペース」を確立できる部屋づくりを!

自分の思いや考え、生活のペースを大事にしていく一つのキッカケとして、部屋の片づけがとっても役に立ってくれます。ポイントとなる場所は、玄関とリビング。**玄関は、外の世界へ出かける「スタート地点」(始まり)であり、外から帰ってくる「ゴール地点」(終わり)となる場所**です。出かけるときに玄関を心地よい状態で出発し、帰宅したときにまた心地よい状態でゴールするというサイクルが、心の安定感を生み、自分のペースを確立することにつながっていきます。

リビングは、家の中で最もリラックスしてくつろげるところでもあり、長い時間、居る場所でもあります。そんな部屋の中心となるリビングがきちんと片づいていると、人との関わりの中で生まれたストレスや疲れが解消され、自分のペースが取り戻しやすくなりますし、日々の様々なできごとを消化して、思いや考えの整理ができるように。相手に飲まれることなく、自分の思いや考えを伝えられるようになりますよ!

PART5 まとめ

どうして片づかない？私のお部屋

汚部屋の原因は…

- ☑ 友人や知人のススメで思わず買ったモノでいっぱい
- ☑ 人からもらったお土産や贈り物が捨てられずに山積
- ☑ モノがあるべき収納スペースにしまわれていない
- ☑ 寝室のモノがリビングにあるなど、位置があやふや

片づかない理由は…

相手に合わせ過ぎて自分のペースが乱れ中!

- 相手に合わせ過ぎて自分のペースが乱れ、部屋もゴチャゴチャ
- 相手の意見に左右されたり、受け入れてしまうので必要ないモノが集まりやすい
- 自分の思いや考えが定まらないせいか、モノの位置も定まらない
- 言えないストレスから片づけや掃除の気力が奪われ、荒れ気味に

オススメのお部屋ケアはコレ!

玄関を片づける

1. ドア周りを掃除する
2. 玄関床を美しく
3. 靴を整理する
4. 玄関グッズを整える

>>> P.114

リビングを片づける

1. テーブルを片づける
2. イス類を整える
3. 収納を工夫する
4. くつろぎ空間をつくる

>>> P.116

実践 1

玄関を片づける

1 ドア周りを掃除する

玄関をキレイにすると、自信を持って外に踏み出せます。ドアの表と内側のホコリや砂汚れをハケなどで払い、重曹水スプレー(P.98)を吹きかけた雑巾で拭き、乾拭きを。ドアノブ、カギ周りも同様に磨きましょう。

☑ 玄関ドアを拭く

☑ ドアノブを掃除

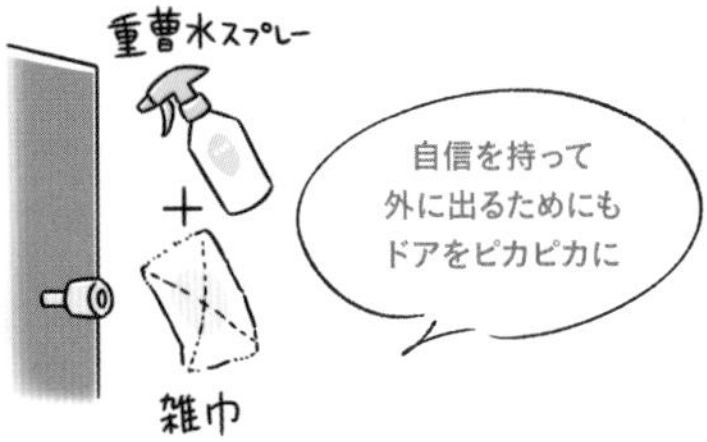
重曹水スプレー
＋
雑巾
自信を持って
外に出るためにも
ドアをピカピカに

2 玄関床を美しく

外の汚れを玄関に溜めないことも大切。掃除機をかけた後、床表面の泥汚れを湿らせた掃除用ブラシでこすり落とし、浮き出た汚れを固く絞った濡れ雑巾で拭きます。重曹水スプレー(P.98)を使えばさらにGOOD!

☑ 表面のホコリや泥汚れを取る

☑ 床全体をキレイに磨く

マイエリアを守る
ために外からの
汚れをストップ

Entrance

③ 靴を整理する

靴箱内の靴を取り出し、中の汚れを拭き取ります。何年もはいていない靴や足が痛くなる靴は思い切って処分。極力靴を出しっぱなしにせず、靴箱へ収納し、脱いだ靴は必ずそろえる習慣を身に着けると心が安定します。

☑ 靴箱を片づける

☑ 靴をそろえる

きちん！
毎日必ず靴を
そろえる習慣で
自分のペースが整う

④ 玄関グッズを整える

気持ちよく出発&帰宅するためにも、不要なモノを片づけて素敵な空間にしましょう。外出時や帰宅時に、玄関が明るく華やかだと気分も上がります。季節の花やグリーンを飾ったり、お気に入りのアートを飾ってみては?

☑ 景観を損ねるモノを整理

☑ 玄関を明るく華やかに

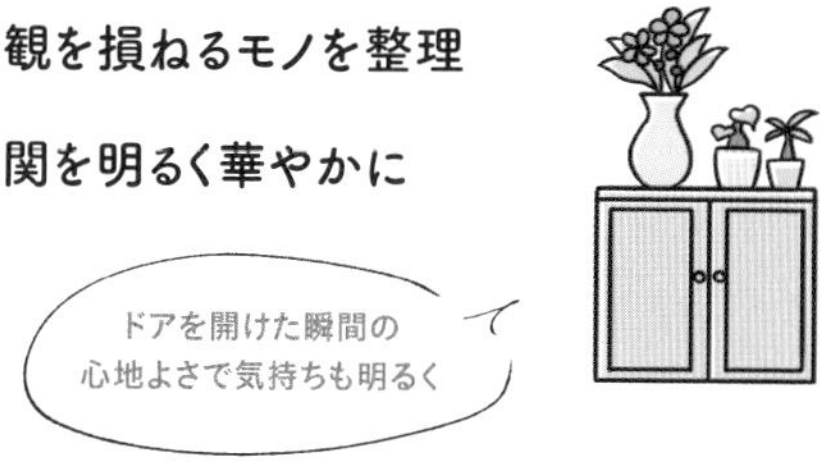
ドアを開けた瞬間の
心地よさで気持ちも明るく

玄関をキレイにして
外の世界に左右されない自分に！

実践
2
リビングを片づける

❶ テーブルを片づける

テーブル上をスッキリさせることが先決。すべてのモノを本来あるべき場所に移動し、台ぶきんに重曹水スプレー（P.98）を吹きかけ、テーブル表面、裏、脚を拭きます。リモコン類はカゴに入れて定位置を決めて置きましょう。

☑ テーブルをキレイに拭く

☑ モノを置く住所（定位置）を決める

モノのないテーブルは
思いや考えも
整理できる

❷ イス類を整える

ホコリが溜まりがちなイスは水気を固く絞った雑巾で拭き、ソファは掃除機をかけた後、粘着クリーナーで細かいゴミを除去します。イスやソファに置きがちな洋服は、すぐ洗濯機に入れるか、ハンガーにかける習慣を。

☑ イスやソファを掃除する

☑ 服などを置かないようにする

イスがくつろげる状態になると
心にも安定感が

Living

❸ 収納を工夫する

収納場所を決めて戻す習慣を持つと、リビング全体が整います。不要なチラシやDMはすぐに処分。郵便物は書類トレイ、おもちゃはバスケットなど、収納場所を定め、増えたら処分すると決めておきましょう。

☑ **郵便物・書類を整理する**

☑ **DVD・おもちゃを片づける**

収納をきっちりすると、
心の乱れも防げる

❹ くつろぎ空間をつくる

リビング全体の空気を清潔にし、ゆとりを持たせましょう。家具、家電のホコリはこまめに取り除き、カーテンも定期的に洗うと快適です。飾り棚や収納ラックは、あえてスキ間をつくり、花やグリーンを飾ると癒しの空間に。

☑ **家具・家電のホコリを取る**

☑ **"ゆとり"をつくる**

マイペースを
取り戻すためにも
心安らげる空間に

**リビングが整うと心が整い
自分の思いや考えも整います！**

片づけ相談室

5

SNSでステキな部屋を見ると、「自分には無理～！」と諦めてしまいます

SNSでステキな部屋の画像を参考にして、「こんな雰囲気にしたいな」「この収納を試してみよう」と、イメージを膨らませるのはいいことです。しかし、画面で見た部屋とあなたの部屋は別物です。「お金がないし、センスもないし、こんなの無理！」と諦めてしまったり、ひがんでしまったりしても、何もいいことはありません。

あなたが暮らすのは画面の中の部屋ではなく、目の前にある自分の部屋。自分が過ごして心地よいと感じることを最優先に考えましょう。心地よさは人によって異なります。SNSで見たステキな部屋も、実際にあなたが暮らしてみると落ち着かないかもしれないですし、ライフスタイルに合わず、不便に感じるかもしれません。

大切なのは自分の感性。インテリアアイテムを取り入れる際も、闇雲に真似するのではなく、実際に見て、触れて、心地よいと感じるモノを取り入れることが大切です。SNSで紹介されている収納アイデアなどはいいとこ取りをして、自分の暮らしと感性に合うアレンジをしていきましょう。

見た目だけでなく、実際に暮らして心地よいと感じる部屋が一番！

Part 6

仕事に自信がない人の部屋は片づかない

ああ~今日も終わらなーい！
カタカタカタ
カタカタ…
はいこれもよろしく！
ドサッ
無理でしょこの量というか私、仕事遅いのかな…
ブツブツ
う~
お先に~
カタカタカタ…
来月からチームリーダーをお願いすることになりました！
同期のエミが先に出世…
…
ただいまー…って誰もいないか…
は~
もう飲むしかない！
ぐびぐびぐびぐび
何でこんなに頑張ってるのに評価されないの？
はぁ…
要領悪いのかなぁ…と悩むカオリ・36歳
こうなったら勉強してもっと能力上げるしかない！
ふむふむ

能力開発セミナーへ
やるぞー
1カ月後
ズーン
毎週通ってるのにデキるようになった実感がない…
ん
部屋もゴチャゴチャで居心地悪いからカフェ行くか〜!
ピンポーン
カオリさんこんにちは!
あらケイコちゃんこちらの素敵な紳士はどなた?
はじめましてっ
こちらは伊藤先生ご紹介はあとでゆっくり
勉強するより部屋の片づけが優先かも!
ですよね先生?
え…
ケイコさん、だんだん僕みたいになってる!
「本棚」と「冷蔵庫」を片づけると…
考えが整理でき集中力アップ仕事の成果も上がっていきます!
ほっ本当ですか!ぜひ教えてください
ごらんのとおりの部屋なんですぅ

Advice 14

足りないスキルを埋める本でいっぱい！

自分に足りないスキルや知識を身につけようとして、次から次へと本を買ってみたり、能力開発セミナーに通ってみたり。でも、かえって忙しくなって勉強する暇もなく、途切れ途切れに。結局、本やテキストも読みかけのまま、あちらこちらに散乱……。

あなたの部屋がそのような足りないスキルや知識を埋めるための本であふれていたとしたら、もしかすると人一倍仕事に積極的なのに、実は仕事に自信が持てないと焦り続けていたりするかも？

仕事に自信が持てないと、その状況をなんとかしたいと思うあまりに、いろんなスキルや知識、ノウハウを取り入れようとしがちです。それが結果的に**あれこれ「自分の器」以上に手を出すことになり、頭の中も時間も常にいっぱいいっぱい。**本や教材も本棚に入りきらないほどあふれてしまい、整理できない状態が続いてしまいます。

冷蔵庫の中の食材もゴチャゴチャと置かれていて、賞味期限切れのモノもちらほら。

自己啓発本や能力開発系の
本がいっぱい！
冷蔵庫の中に
賞味期限切れの
食材がゴロゴロ
仕事や勉強に忙しく、
片づけや掃除ができない…

結局、消費できないまま腐らせて捨てるハメになるなど、無駄にしてしまう状況を繰り返してしまいます。

これは、自分の器以上の物事に手を出しがちな人の特徴。気が散っているせいで、食料品を買う際、どれぐらいの量が必要なのか、いつまでに食べればよいのか、という見積もりが甘くなり、冷蔵庫内が渋滞、混乱し、期限までに使いこなせないからです。

まず自分の器や力量を冷静に見つめながら、部屋の器（収納）に合った片づけをしていくと、無理や無駄がなくなります。

すると、本来自分がやることだけに集中できるようになり、着実に成果も生まれて、自信が持てるようになっていきますよ。

Advice 15

引き算の発想で仕事も片づけも進む！

自分の器以上のことをやろうとしてしまう……。その根底には「できないことを認められない」という心が存在しています。

「できないことを認められない」がために、いろんなスキルや知識を外から身につけようとしてしまったり、無理な目標設定をして多くの仕事をこなそうとしてしまったり、人に頼れず、全部自分でやろうとしてしまう傾向があります。

すると、抱える仕事や物事がどんどん増えていって、一つ一つのことをやり切ることができなくなってしまいます。未完了の仕事が多くなると、それだけ自分の心が圧迫されますし、「できない自分」をますます感じて自信が低下。また、すべてのタスクを完了させようと期限を先延ばしにすることで、後手後手になってしまい、常に〝追われ感〟を感じるようになってしまうんですね。

そんな自分を変えようと、さらに自己啓発や能力開発にいそしむことから、本や教

仕事に自信がない人の心の傾向

- □ できないことを認められず、**自分の器以上**に何かをやろうとしがち
- □ **無理な目標設定**をしてしまい、達成できずに終わりがち
- □ **人に頼むことができず**、全部自分でやろうとしがち
- □ 目の前のことに惑わされて、**全体像が見えにくい**

材があふれ、バタバタと仕事に追われて、片づける暇もなくなるのです。

　仕事に追われることなく、集中してはかどるようになるためには、「自分ができないこともあるんだ！」ということを認め、自分がやらなくてもいいことをどんどん省いていくことが大切です。それはまさしく、**「自分に何が必要か？」という足し算の発想ではなく、「自分に何が必要ないか？」という引き算の発想**です。

　そうして引き算の発想で考えていくと、いらないものが明確になって部屋の片づけも進んでいきますし、自分に対する無理や無駄な行動が減っていて、効率よく自分のチカラを活かせるようになりますよ！

Advice 16

自分への無理や無駄を片づけで軽減！

自分に対する無理や無駄な行動がなくなって、仕事で自分のチカラが発揮できるようになるためには、部屋のある部分の片づけをすることが、たいへん有効です。

そのポイントとなる場所が、本棚と冷蔵庫。**本棚は、自分の好みはもちろん、「自分が自分をどう評価しているのか？」かが見えやすい場所**です。もし、自分に対する評価が厳しく、足りない部分を克服するような本でいっぱいならば、それらを見直していくことで自己評価も変わり、あれこれと無理につけ足そうとする行為が減っていき、無駄なモノを削ぎ落とすことができるでしょう。

冷蔵庫は「自分が無意識にどんな判断をしているか？」が見えやすい場所です。冷蔵庫の食材の期限や保存状態を見ながら整理すると、自分が普段どんな判断で食材をとり入れているかがわかり、無駄にすることが減ります。すると、仕事でも自分の力量や期限の見通しを計りながら、無駄なく進めることができるようになりますよ！

PART6
まとめ

どうして片づかない？私のお部屋

汚部屋の原因は…

- ☑ 自己啓発＆能力開発系の本がいっぱいで本棚からあふれ気味
- ☑ 能力開発系のセミナーなどの教材・資料も山積み
- ☑ 冷蔵庫の中がゴチャゴチャで賞味期限切れの食材がいっぱい
- ☑ 仕事や勉強に時間がとられ、片づけや掃除ができず雑然

片づかない理由は…

自分の器以上に取り入れて飽和中!

- ● 自分に足りないスキルや知識を埋めようとして本や教材を次々取り込む
- ● 自分の器以上に取り込みがちで、限られた収納スペースに収まりきれない
- ● 見積もりや先の見通しが甘くなることから、冷蔵庫の食材が使い切れずに溜まりがち
- ● 仕事や勉強でバタバタし、片づけや掃除をする暇がなく、荒れた状態に

オススメのお部屋ケアはコレ!

本棚の整理

1. 蔵書の全体像を把握
2. カテゴリー別に分類
3. 本棚のイメージを固める
4. 整理しながら戻す

P.128

冷蔵庫を片づける

1. 中身をチェック
2. 冷蔵庫内を掃除する
3. 指定席を決めて戻す
4. 保存方法を工夫する

P.130

実践

1

本棚の整理

❶ 蔵書の全体像を把握

すべての本を一カ所に集め、自分が持っている本の全体像をつかむことが大切!　本棚のホコリや汚れを水気を固く絞った雑巾で拭き、本についているホコリは、新聞紙の上で乾いた雑巾や古い歯ブラシなどで払います。

☑ **本を全部1カ所に集める**

☑ **本棚や本のホコリを取る**

無駄に本を取り込んでいないか確認する機会に

❷ カテゴリー別に分類

本をカテゴリー別に分け、それらの本を「なぜ買ったのか?」「本当に自分の役に立つのか?」を感じることで「必要のない本」が見えてきます。必要ないと感じたものは一旦、別の場所に分けておきましょう。

☑ **本を種類別に並べる**

☑ **必要ない本を感じる**

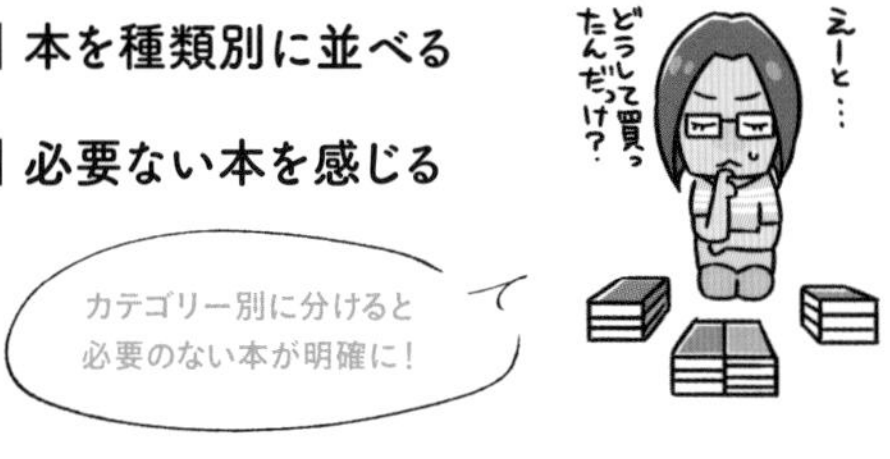
えーと…
どうして買ったんだっけ?
カテゴリー別に分けると必要のない本が明確に!

Bookshelf

❸ 本棚のイメージを固める

本棚をどうしたいのか、全体像をイメージしましょう。それができたら、どのカテゴリーの本をどこに並べるかを考えます。たとえば、よく読むカテゴリーの本は一番取りやすい位置・高さに並べるなど、本の配置を決めればOK。

☑ 本棚の全体図をイメージ

☑ 本の配置を決める

何を入れようかな〜
「器」を意識すると
無駄に本を
購入しなくなる！

❹ 整理しながら戻す

「必要な本」を本のサイズ、高さを合わせながら戻します。倒れやすい雑誌類はファイルBOXなどを使用。「必要ない本」は、売る、寄付する、人にあげる、処分するなど適切な方法で手放しましょう。

☑ 本のサイズも合わせながら戻す

☑ 必要ない本の行き先を考える

自分の味方になってくれる必要な本が残る

本の高さをそろえるとキレイ！

自分の味方になってくれる必要な本を見極めることが大切！

実践《じっせん》
2
冷蔵庫を片づける

❶ 中身をチェック

冷蔵庫のドアポケット、引き出しなど、場所ごとに食品を取り出し、状態を見ながら、必要、不要を判断。不要なモノの量をチェックし、分別して捨てます。必要なモノは、水滴や汚れを拭き取りましょう。

☑ **場所ごとに食品を取り出す**

☑ **いらないモノを捨てる**

新聞紙の上に
広げてみよう
日ごろの食材の買い物や
使い方のクセが見える!

---

❷ 冷蔵庫内を掃除する

庫内のパーツを取り外し、お湯で洗います。自然乾燥後、消毒用エタノールを吹きかけます。庫内はお湯で湿らせたふきんで拭き、パッキンや溝は古い歯ブラシで磨き、消毒用エタノールを吹きかけたふきんで全体を拭きます。

☑ **パーツを外して洗う**

☑ **冷蔵庫内を拭いて消毒**

冷蔵庫内を
キレイにすると
冷やすチカラもアップ

Refrigerator

❸ 指定席を決めて戻す

どの場所にどの食品を配置するかを考え、頻繁に使う調味料や飲み物はドアポケット、使用頻度が低い調味料は一番上の棚にするなど指定席を決めます。賞味期限の早いものを手前に並べる習慣も身につけましょう。

☑ 食品の指定席を決める

☑ 賞味期限に沿って並べる

食材を定位置で
管理すると
無駄な動きが軽減！

❹ 保存方法を工夫する

お惣菜は、透明な容器に入れ、マスキングテープを貼って名前と製造日を書くと食べ忘れを防げます。容器の大きさをそろえると見た目もキレイ！　頻繁に出し入れする調味料や佃煮類は、野菜や冷凍食品もカゴにまとめて入れておくのがオススメです。

☑ 容器をうまく活用

☑ カゴを使って整理

調理や食事の準備が
はかどって、ラクチンに！
キチッ！

使いやすく整理すれば無駄がなくなりストレスも減る！

21日間続けると、片づけ習慣は一生モノになります！

新たなことを習慣にしていくには、毎日継続を積み重ねることが大切です。でも、いきなり大きな目標を立てて続けようとすると、よほどの強い意志がない限り、挫折をしてしまうもの……。

そこでまずは期間を決めて、確実にできることを目標にすると続けやすくなります。その期間の目安として、「21日間続ける」のが効果的です。

というのも、人間の体内サイクルが整うまでに「21日間」かかると言われていて、何か新しいことを始めたら、その期間継続することで定着しやすいんですね。それに「3週間」と思うと、長過ぎず、短過ぎない適度な期間と感じて、「気持ちが続きやすい」というメリットもあります。

続けるためのポイントは、「成果を確認する（やったことを自分で認識すること」と、何より「楽しみながら行うこと」です。たとえば、手帳やカレンダーを使って、1日実行できたら、お気に入りのシールを貼っていく、なんていうのもオススメです。

そうやって手帳をシールで埋めていくためにも、21日後に自分へのご褒美を設定するとさらにやる気がアップします。「21日間継続達成したら、前から気になっていた洋服を買おう！」「温泉旅行に行こう！」など、21日間を行った先にあるものを考えていくと、気持ちが折れそうになったときにモチベーションになります。ぜひ楽しみながら実行して、習慣化させていきましょう！

祝！達成
よっしゃー!!
続けられた～！
みんなも達成おめでとう！

Special topic

リモートワークで家の中が大混乱!!
家での仕事環境をどう整える？

コロナ禍の影響で
自宅で仕事をすることが増えるや、
集中できない、散らかり放題…と、
様々な問題が発生！
仕事場の環境、メンタルの整え方も
ぜひ参考にしてください。

CASE 01

夫の仕事部屋がなく子どものスペースとごちゃ混ぜ…

対策

▼〝スタンディングワーク〟を導入しましょう

特に小さいお子様のいる家族では、自宅での仕事をスムーズに進められず、家族みんながストレスを溜めてしまい、関係が悪化してしまうケースが激増しています。

仕事スペースを作る際に意識したいことが、小さいスペースを徹底活用してパーソナル領

域を確保すること。男性は特に一人の時間が重要で、自分のことだけに集中できる環境があるかどうかで心の安定感はガラリと変わります。

私自身、コロナ禍で自宅作業することになって最初に行ったのが「ハイチェストを活用した仕事環境づくり」でした。自室にあるハイチェストの上にパソコンを置くスペースを設け、**「立って働く」スタンディングワークを導入。**スタンディングワークは疲れにくく、集中力が増すというメリットがあり、アメリカ、北欧などではポピュラーなスタイルです。子どもたちには「ここがパパの仕事場だよ。立って作業する方が疲れにくくて効率が上がるから、世界的な企業のＧｏｏｇｌｅでも立って仕事してるんだよ」と、話し、理解してもらうことができました。

こうして、最小のスペースで工夫して仕事することで、妻や子どもたちの生活スタイルを崩すことなく、家での仕事に取り組むことができるようになりました。意識したいポイントは、**家庭はあくまで家庭であるということ。**家庭での仕事スペースは工夫して最小限にし、可能であれば、気分転換の一環としてリモートワーク対応の個室カフェやブースなどの外部スペースを活用するのもよいかもしれません。

CASE 02

仕事の資料がいっぱい生活スペースに溢れ出した！

対策 ▼資料のデジタル化でペーパーレスに！

資料の量が増え、管理にお悩みの方は、紙データのデジタル化を取り入れていきませんか？

２０２１年９月にはデジタル庁が発足。２０２２年１月に「電子帳簿保存法」が改正され、国税関係の帳簿書類の電子保存が義務化されていきます。つまり、紙ベースの記録から電子記録に移行する流れが国家的に加速しているのです。

紙のデジタル化は「できればやったほうがよいこと」ではなく、将来的に「皆がやらなければならない必須項目」になるでしょう。デジタル化が当たり前の時代になれば、整理収納の発想も大きく変わっていくはずです。

最初は面倒に感じるかもしれませんが、**「紙で取っておく必要がないものはすべてデジタルデータにする」くらいの気持ちで、デジタル整理の習慣をつけていきましょう。**どんどんデータ化をして紙媒体は処分する習慣を作っていくと、仕事の資料が増えても、家の中で物が増えるという物理的な散らかりは防ぐことができます。

どうしても物理的な荷物が増える職業の人は「サマリーポケット」などの、月額数百円から段ボール単位で荷物を預かってくれる小規模倉庫サービスもオススメ。私も活用していますが、こうした外部サービスも上手に利用しながら、自宅内だけで物を管理していくという発想を手放し、デジタル環境や自宅以外の環境で物を管理するという視野を広げてみると、スムーズに自宅を快適な環境へと整理できるはずです。

CASE
03

仕事中なのに気づいたら間食ばかり！

対策 ▼ 間食内容を整理して取り方を改善しましょう

実は、間食自体は悪いものではありません。むしろ、間食することがダイエットに効果的だと聞くと、あなたはどう思いますか？　実は小刻みに食べることで食欲を抑制、ドカ食いを防ぎ、空腹によるストレスを軽減するなどのメリットもあるのです。

間食をやめようとするのではなく、取り方を意識してみましょう。 まずは、一日に何回、何をどれくらい間食したのかを記録してみてください。整理することで全体的な食事量を把握でき、不要な間食が見えてきます。不要な間食が多い人は、目に見えるところに食べ物を置かない、過剰にストックしないなどの工夫をしてみれば、間食の回数は自然とコントロールでき、部屋もスッキリ片づいて一石二鳥ですね。

CASE 04

仕事中でもＳＮＳを見てばかりで集中できない……

対策 ▼仕事中は一点集中！　スマホは電源オフ！

インターネットは便利な反面、ＳＮＳをはじめ、ショッピング、ゲーム、動画、ネットサーフィンと、意識を分散させる罠がたくさん潜んでいます。物事への集中力を高めたいときは「行為を1つに絞る」という意識を高めましょう。**ＳＮＳを見ないのではなく「することを明確にする」**ことが大切です。

「この時間は仕事だけをする」と決めて、スマホの電源をオフ！

こうするだけで仕事に集中できます。パソコン作業時は複数のタブを開かず、仕事に必要な情報だけを表示してみてください。情報を限定することで、格段に集中力は高まります。

おわりに。

最後までお付き合いいただき、本当にありがとうございます。片づけのキホンから、部屋が汚くなる心の原因、そして片づけ・掃除の具体的な実践法までお伝えしてきましたが、いかがだったでしょうか？

日々クライアントさんのご相談を受けていると、「部屋が片づかない」という状況の奥には、自分のやりたいことがなかなか見つからなくてもがいていたり、理想の相手と出会えなくて焦っていたり、言いたいことが言えずに我慢していたりと、様々な心の悩みが背景にあるのを実感します。

そうした人たちに共通して見られるのが、「今の自分が嫌だ」「自分を変えたい」と強く感じている、ということ。

でも、そう思えば思うほど、どんどん自分から遠ざかり、部屋になかなか目がいかなくなります。すると、片づけや掃除がままならなくなり、たくさんのモノでゴチャゴチャとしてしまったり、汚れやホコリが溜まったりしてしまうんですね。

かくいう私も、今の活動をする以前は部屋が荒れ放題でした。自分が専門家になっていることが奇跡だと思うくらいに、片づけが大の苦手だった私が、片づけをきっかけに人生の流れが大きく変わっていき、今では国内外で20冊以上の書籍を手掛けながら、海外での出版プロジェクトにも携わっています。

現在の私の活動だけを見ると「何か大きな志を持って生きている人なんだ！」なんて思われるかもしれませんが、そんなことはありません。私が本当の意味で変われたのは、大いなる夢や目標があったからではなく、片づけを通してささやかな自分の幸せに気づいたからです。

部屋が荒れていたころの私は、偉大な誰かになろうとして自分と向き合うことができていませんでした。そんな過去の自分と決別して、身近にいる家族や友人・仲間との時間を大切にして、小さな幸せを毎日味わう自分になってからは、これまでどんなに頑張っても手に入らなかったものが、自然に手に入るようになっていきました。

そのプロセスを経て、現在は空海が修行したとしても知られる霊山・生駒《いこま》山に事務所を構えるご縁もいただきました。徒歩3秒のところに生駒山上遊園地がある、喜びに満ちた場所です。古き良き文化と叡智《えいち》に満ちた環境の中で、何世代にも渡って先人が紡いでくださった環境を未来につなぐお手伝いをしながら、心のままに仕事をさせていただいています。

自分の望みに素直になると、人生はどこまでも輝いていく。あなたも、あなたが思っている以上に、たくさんの魅力と才能にあふれ、可能性に満ちています。それらをぜひ、部屋に向き合うことを通して見つけていっていただけたら嬉しいです。本書がそのキッカケとなり、あなたの未来がより輝けるものになっていくことを、心より願っております。

最後に改訂版の出版にあたって、私の活動が世に大きく広がる最初のきっかけを作ってくださった日本文芸社の河合美和さん、営業部のみなさま、編集担当の藤岡操さん、デザイナーの田辺宏美さん、いつも伊藤の活動を支えてくださっているセルフケアメンタリストの仲間のみなさま、リアル小説「臆病者が生きる道」クラブラウンジのみなさま、国内外から講座にご参加いただいている受講生のみなさま、ブログ等のＳＮＳでいつも応援してくださるみなさま、活動のきっかけとなった心理学の礎を作ってくださった日本メンタルヘルス協会代表の衛藤信之先生をはじめとする諸先生方とスタッフのみなさまや、質問家のマツダミヒロさん、活動当初から今でもずっと側で応援してくださっている松尾英和さん、天宮観音さん。

英語圏の出版として私の可能性をどこまでも引き出してくださる、ジョンさん、ミチさん。コロナ禍を経てご縁をいただき、生駒山へと事務所移転のきっかけを作ってくださった龍光寺の石原住職と行者のみなさま。

最後に常に活動を側で支えてくれている妻と子どもたち、そして兄、両家の両親、地元の友人、すべてのみなさまに心から感謝いたします。

空間心理カウンセラー　伊藤勇司

伊藤勇司（いとう ゆうじ）

空間心理カウンセラー
GDサードコンサルティング合同会社・命煌社代表

引越し業に従事しながら、日本メンタルヘルス協会で心理学を学んでいく中で「部屋と心の相関性」に着目したことから活動がスタート。1万人上の部屋が片づかない人々の心理的な側面から悩みを解決するプロセスで、自分の個性が活かされない人ほど部屋が散らかっている傾向があることに気づく。コロナ禍を経て散らかる人の才能を開花させる目的のコンサルティング会社と出版社を独自で設立。その親しみやすい人柄で老若男女に支持を受けながら、現在は片づけの概念をベースに開発した人間の意識開発を促す「セルフケアメンタリズム」の創設者として、ニューヨークを中心にして世界中へ独自メソッドを届けている。

ブックデザイン　田辺宏美
イラスト　松永清美（ms-work）
執筆協力　伯耆原良子
編集協力　藤岡操

※本書は『部屋は自分の心を映す鏡でした。』（2015年小社刊）に加筆修正し、再編集したものです。

改訂版《かいていばん》 部屋《へや》は自分《じぶん》の心《こころ》を映《うつ》す鏡《かがみ》でした。

2022年3月20日　第1刷発行

著　者　伊藤《いとう》　勇司《ゆうじ》
発行者　吉田　芳史
印刷所　株式会社光邦
製本所　株式会社光邦
発行所　株式会社日本文芸社
〒135-0001　東京都江東区毛利2-10-18 OCMビル
TEL 03-5638-1660（代表）

Printed in Japan
112220309-112220309Ⓝ01（290058）
ISBN978-4-537-21981-4

（編集担当：河合）